500

Tipps und Tricks zur
MEERWASSER-AQUARISTIK

ISBN: 978-3-86659-026-7

Alle Rechte der deutschen Ausgabe:
© 2007 Natur und Tier - Verlag GmbH
An der Kleimannbrücke 39/41
48157 Münster
Tel.: 0251/13339-0, Fax: 13339-33
E-Mail: verlag@ms-verlag.de
www.ms-verlag.de

Fachliche Beratung: Tim Hayes
Übersetzung und Fachlektorat: Daniel Knop
Lektorat: Kriton Kunz
Gedruckt in China

Titel der Orginalausgabe:
500 Ways to be a better
MARINE FISHKEEPER
ISBN 1-84286-108-5
© 2006 Interpet Publishing,
Vincent Lane, Dorking, Surrey,
RH4 3YX, England

Inhalt

Tipps	Inhalt	Seiten
1-31	Einfahr-Phase	4-11
32-55	Aquariengestaltung	12-17
56-87	Heizung und Beleuchtung	18-25
88-135	Wasserpflege	26-37
136-182	Fischkauf	38-49
183-240	Fischhaltung	50-63
241-312	Wirbellosenhaltung	64-81
313-336	Verträglichkeit	82-87
337-368	Fütterung	88-95
369-428	Pflege	96-111
429-474	Nachzucht	112-121
475-500	Gesundheitspflege	122-127

Autoren

Die Tipps und Tricks in diesem Buch stammen von den folgenden Experten: **Dave Garratt, Tim Hayes, Tristan Lougher** und **Dick Mills**

Einfahr-Phase

1 Sind Meerwasserfische schwieriger zu halten als Süßwasserfische?

Meerwasserfische werden meist als empfindlicher bezeichnet als Süßwasserfische, und das hat gute Gründe. Einer davon ist die Stabilität der Umgebungsbedingungen im Meer, denn dadurch fehlte für die dort lebenden Fische die Notwenigkeit, Mechanismen zu entwickeln, um sich an Veränderungen anzupassen. Dadurch reagieren sie leicht negativ auf schwankende Haltungsbedingungen. Hinzu kommt, dass in ihrer natürlichen Umgebung nur wenige Krankheitskeime vorhanden sind. Darum können sie sich gegen eine hohe Dichte von Krankheitserregern im geschlossenen Aquariensystem nur schwer zur Wehr setzen.

Tipp 1 Ein Riffaquarium stellt einen Lebensraum mit stabilen Umgebungsverhältnissen nach.

2 Lernen Sie vor Ihrem Einstieg in die Meeresaquaristik möglichst viel

Entwickeln Sie ein gutes Verständnis für die Zusammenhänge im Aquarium. Lernen Sie möglichst viel über zentrale Themen wie das Einfahren biologischer Filter, Verträglichkeit von Fischen mit Wirbellosen, Ernährung und Fütterung, das Verhalten der gewünschten Tiere oder ihre mögliche Besatzdichte. Jeder zusätzliche Wissensbaustein wird sich später auszahlen.

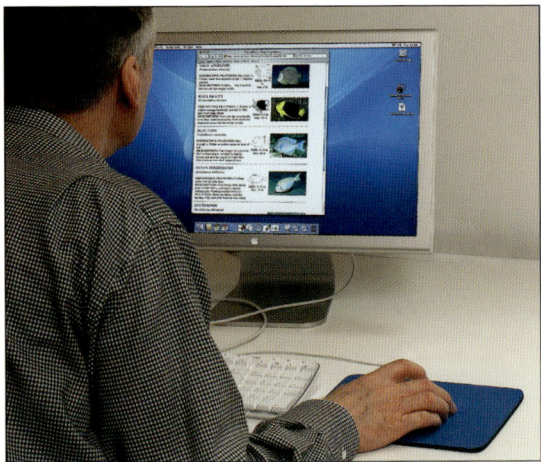

Tipp 3 Das Internet ist eine großartige Informationsquelle.

3 Nutzen Sie alle Informationsquellen, einschließlich des Internets

Eines der wichtigsten Dinge beim Einstieg in das Meeresaquaristik-Hobby ist die Informationsbeschaffung. Versuchen Sie, über die Tiere, die Sie halten möchten, möglichst viele Kenntnisse zu sammeln. Besorgen Sie sich eine Reihe guter und aktueller Bücher, lesen Sie Fachzeitschriften und nutzen Sie das Internet. Doch bei allen Tipps aus dem Internet sollten Sie genau hinsehen, denn nicht jeder dort ist wirklich ein Experte, und spekulative Ratschläge, die an sehr erfahrene Aquarianer gerichtet sind, könnten Sie in eine Sackgasse führen.

4 Unter welchen Umständen sollte man ein reines Fischaquarium einrichten?

Ein reines Fischbecken empfiehlt sich für große Fische oder solche Arten, die Wirbellose schädigen, etwa Korallen, Crustaceen, Mollusken oder andere. Für solche Becken wird meist trockenes Kalkgestein anstelle von Lebendgestein verwendet, weil man mit dem späteren Einsatz kupferhaltiger Medikamente zur Krankheitsbehandlung rechnet, denn solche Medikamente sind für Wirbellose tödlich (siehe auch Tipp 491).

Einfahr-Phase

Tipp 7 *Dardanus guttatus*, ein Einsiedlerkrebs, der auch gemeinsam mit großen Fischen gehalten werden kann

5 Kann man Lebendgestein in reinen Fischbecken verwenden?

Man kann statt trockenen Kalkgesteins Lebendgestein einsetzen, darf dann aber später keine kupferhaltigen Medikamente für die Behandlung von Fischkrankheiten einsetzen, weil dadurch die gesamte Wirbellosenpopulation im Innern der Steine abgetötet würde. Da Lebendgestein aber für die biologische Wasseraufbereitung eine wichtige Rolle spielt, lässt sich damit eine bessere Wasserqualität erreichen. Dadurch reduziert man die Wahrscheinlichkeit, dass eine medikamentöse Behandlung nötig wird.

6 „Reines Fischaquarium" bedeutet nicht unbedingt nur Fische

Je nachdem, welche Fischarten man einsetzt, dürfen sich in einem „reinen Fischaquarium" auch einige Wirbellose befinden. Manche Fische fressen zwar Korallen, lassen aber Crustaceen oder Mollusken in Ruhe. Andere wiederum verzehren vielleicht Crustaceen oder Mollusken, interessieren sich aber nicht für Korallen. Wenn man sich also gründlich über die Fische informiert, die man halten möchte, lassen sich oft „kompatible" Wirbellose finden.

7 Können die Wirbellosen auch den Fischen gefährlich werden?

Manche Wirbellose sind robust oder groß genug, um auch in Gegenwart von Raubfischen unbehelligt zu bleiben. Dazu gehören der Grüne Schlangenstern (*Ophiarachna incrassata*), große Einsiedlerkrebse (z. B. *Dardanus*-Arten) und Teppichanemonen. Doch einige große Wirbellose können bestimmten Fischen gefährlich werden. Darum sollte man sich immer gründlich über alle Arten informieren, bevor man sie in das Aquarium setzt (siehe auch Tipps 313–336).

8 Wirbellose vor Fischmedikamenten schützen

Hält man in einem Fischaquarium zusätzlich Wirbellose, dann kann man sie vor einer eventuell nötigen Behandlung von Fischkrankheiten herausnehmen und separat unterbringen. Nach einer Behandlung mit kupferhaltigen Medikamenten muss zunächst ein Kupfertest durchgeführt werden, um eventuelle Kupferrückstände zu entdecken. Aber selbst bei negativem Kupfertest ist es ratsam, ein Kupfer bindendes Mittel aus dem Fachhandel einzusetzen, bevor die Wirbellosen wieder in das Becken gesetzt werden.

Einfahr-Phase

9 Was ist ein Riffaquarium?

Bei einem Korallenriffaquarium handelt es sich – im Gegensatz zum Fischaquarium – um ein Becken, in dem primär Korallen gehalten werden sollen, gemeinsam mit kleinen, verträglichen Fischen und einer Auswahl friedlicher Wirbelloser. Bezüglich Beleuchtung und Wasserströmung sollen Bedingungen geschaffen werden, die für die Korallen ideal sind.

10 Was ist eigentlich ein Korallenriff? Ist das überall auf der Welt gleich?

Riff ist nicht gleich Riff. Die Wissenschaft kennt fünf verschiedene Rifftypen, und man kann noch unterschiedliche Zonen unterscheiden, so dass man insgesamt zehn Arten von Riffen zählt. Hinzu kommen angrenzende Lebensräume wie Seegraswiese oder Mangrovenzone. In Bezug auf Licht und Strömung finden sich in all diesen Zonen unterschiedliche Bedingungen, und folglich sind dort auch jeweils verschiedene Tiergemeinschaften anzutreffen.

11 Mit welchen Tieren sollte man ein Riffaquarium besetzen?

Die Tiere im Aquaristikhandel stammen aus unterschiedlichen Riffzonen. Man sollte herausfinden, aus welcher Zone die Tiere kommen, die man erwerben möchte, und im Aquarium dann die Bedingungen der entsprechenden Riffzone nachstellen. Für den wenig Erfahrenen ist es am einfachsten, sich auf Tiere zu beschränken, die alle aus der gleichen Riffzone stammen, weil man dann allen die gleichen Umgebungsbedingungen (Beleuchtung, Strömung, Substrat) bieten kann.

12 Ein geografisch ausgerichtetes Aquarium

Die Fische und Wirbellosen im Aquaristikhandel stammen nicht nur aus verschiedenen Riffzonen, sondern auch aus unterschiedlichen geografischen Bereichen. Ein geografisches Themenaquarium würde beispielsweise Fische und Wirbellose aus den Gewässern vor Hawaii, der Karibik oder aus dem Roten Meer enthalten.

Tipp 10 Riffe sind auf der ganzen Welt unterschiedlich. Hier ist ein Flachwasserriff im Great Barier Reef zu sehen.

Einfahr-Phase

13 Einrichten eines natürlichen Lebensraumes im Biotopaquarium

Hierbei handelt es sich um ein Aquarium – meist ein Riffaquarium –, in dem ein gut bekannter Lebensraum nachgestellt wird, direkt aus dem Korallenriff oder angrenzend. Die Idee dahinter ist, dieses Habitat so genau wie möglich zu duplizieren und nur diejenigen Fische und Wirbellosen darin zu halten, die auch in der Natur in der betreffenden Zone anzutreffen sind.

14 Worin liegt der Vorteil eines Artenbeckens?

Ursprünglich wurden Artenbecken eingerichtet, um Fische zu halten, die mit anderen nicht verträglich sind. Inzwischen kann man diese Definition aber weiter fassen und auch solche Becken einschließen, in denen man sich auf eine kleine Auswahl an Tieren beschränkt. Man könnte darin beispielsweise bestimmte Tiere halten, die miteinander eine symbiotische Beziehung haben, oder man kann besonders kleine Tiere einsetzen (z. B. *Periclimenes*-Partnergarnelen oder die als „Sexy Shrimp" bekannte Garnele *Thor amboinensis*, die sonst von manchen Aquarienbewohnern gefressen werden könnten). Andererseits könnte ein Artenbecken auch ein räuberisch lebendes Tier enthalten, das entweder andere Tiere fressen oder bei Bedrohung Giftstoffe abgeben könnte, die den übrigen Aquarienbewohnern gefährlich würden, wie etwa bei den hübsch gefärbten, aber für Fische gefährlichen Seegurken der Gattung *Pseudocolochirus*.

Tipp 14 Partnergarnele (*Periclimenes pedersoni*)

15 Muss ein Riffaquarium eigentlich Dekorationsgestein enthalten?

Man muss nicht unbedingt Gestein einsetzen, um ein natürlich wirkendes Habitat zu erzeugen. Das geht theoretisch auch mit einer hohen Sandschicht und Seegras, Algen oder Mangroven. Einige Korallen, die als frei lebend bezeichnet werden, fühlen sich in einer solchen Umgebung wohler als in einem „traditionellen" Riffaquarium mit Steindekoration. Will man aber Mangroven einsetzen, dann sollte man berücksichtigen, dass diese aus dem Wasser herauswachsen, weshalb die Beleuchtung entsprechend ausgelegt sein muss.

Tipp 16 Ein Clownfisch mit seiner Wirtsanemone

16 Entscheiden Sie, welche Tiere Sie halten möchten

Eine der ersten Fragen, die Sie sich stellen sollten, wäre: Welche Tiere sind mir am wichtigsten? Entsprechend den Bedürfnissen dieser Tiere richtet man sich sein Riffaquarium dann meist auch ein. Interessiert man sich beispielsweise vorwiegend für Clownfische und Seeanemonen, dann wird das Aquarium völlig anders eingerichtet sein als bei der Haltung kleinpolypiger Steinkorallen wie *Acropora*-Arten. In Sachen Gestaltung oder Beleuchtung und auch bezüglich des Besatzes mit Fischen und Wirbellosen muss man sich darauf ebenso einstellen wie mit der Wasserströmung.

Einfahr-Phase

17 Fangen Sie mit robusten, wenig empfindlichen Arten an

Wenn man in die Meeresaquaristik einsteigt, dann lässt man sich leicht dazu verleiten, einige derjenigen Fische oder Wirbellosen zu kaufen, die besonders schön gefärbt oder gezeichnet sind. Warum sollte man sich mit unauffälligen, weniger plakativen Tieren beschäftigen? Der Grund ist simpel: Viele der ästhetisch reizvollen Tiere sind sehr empfindlich und für den unerfahrenen Aquarianer nicht geeignet. Darum sollte man sich anfangs lieber an robuste, aber vielleicht weniger farbenfrohe Arten halten, wie etwa den Bicolor-Blenny (Ecsenius bicolor).

18 Ein Riffaquarium einzurichten, erfordert viel Geduld

Wenn Sie Ihr erstes Riffaquarium einrichten, sollten Sie viel Geduld aufbringen. Die biologischen Vorgänge lassen sich nicht beschleunigen. Die Einfahrphase erfordert viel Zeit, und es kann zwölf Monate dauern, bevor man das Becken als biologisch stabil bezeichnen kann. Warten Sie mit dem Einsetzen der Fische so lange wie möglich, und konzentrieren Sie sich mehr auf die Gestaltung der Einrichtung. Beschränken Sie sich während des ersten Jahres auf robuste, pflegeleichte Tiere und sammeln Sie damit Erfahrungen.

19 Beginnen Sie mit einem möglichst großen Becken

Der Aquaristikhandel hält zahlreiche unterschiedliche Aquarientypen und -größen bereit, sogar mit gebogener Frontscheibe. Beginnen Sie möglichst mit dem größten Becken, das Ihr Geldbeutel zulässt, wenigstens aber mit 150 l Volumen. Je größer das Wasservolumen, umso weniger schnell verändern sich die Wasserbedingungen. Allerdings sollte man immer bedenken, dass ein größeres Aquarium bei der Einrichtung und Ausstattung mit Lebendgestein mehr Geld kostet.

Die Lichtbrechung des Salzwassers verkürzt die im Aquarium sichtbare Beckentiefe.

20 Schaffen Sie ausreichende Beckentiefe

Für ein Meeresaquarium – insbesondere bei einem Riffbecken – sollte man Beckenhöhe und -tiefe bewusst wählen. Berücksichtigen Sie, dass Wasser einen stark verkürzenden Effekt hat und die sichtbare Beckentiefe verringert. Auch ist wichtig zu wissen, dass Lichtverluste beim Durchdringen des Wassers im Quadrat zunehmen. Bei größerer Beckenhöhe ist also erheblich mehr Licht erforderlich. Auch muss man wissen, dass Pflegearbeiten in sehr großen Becken bisweilen besonders mühsam sind.

Tipp 19 Vergleich: Süßwasser- und Meerwasseraquarium

Einfahr-Phase

21 So errechnet man das Aquarienvolumen

Mit der folgenden Formel können Sie leicht das Volumen eines Aquariums errechnen: Multiplizieren Sie die Länge in cm mit der Tiefe, diesen Wert dann mit der Höhe, und teilen Sie die Summe durch 1.000. Dann erhalten Sie das Aquarienvolumen in Litern. Berücksichtigen Sie aber, dass das Dekorationsgestein und andere Gegenstände im Aquarium Wasser verdrängen. Darum liegt das tatsächliche Wasservolumen in der Regel – je nach Einrichtung – rund 10 % unter diesem Wert.

Einige Beckengrößen mit Volumen und Gewicht

Beckengröße (LxBxH)	Wasservolumen	Wassergewicht
90x40x38 cm	136 Liter	136 kg
90x45x45 cm	182 Liter	182 kg
100x45x45 cm	203 Liter	203 kg
120x45x45 cm	243 Liter	243 kg
120x60x45 cm	324 Liter	324 kg
150x60x60 cm	540 Liter	540 kg
183x60x60 cm	660 Liter	660 kg

22 Ein befülltes Aquarium ist schwer

Berücksichtigen Sie, dass das Gesamtgewicht eines befüllten Aquariums hoch ist. Besonders, wenn das Becken im Obergeschoss oder in einer Mietwohnung aufgestellt werden soll, ist das wichtig. Das gilt nicht nur für das Untergestell, sondern auch für den Boden, denn das Gewicht des Aquariums sollte möglichst gleichmäßig auf dem Boden verteilt werden. Auch die Lage von Stützbalken in Holz-Zwischenböden muss beachtet werden, und die Standfläche des Beckens muss absolut plan sein, damit das Aquarium nicht beim Befüllen zerspringt.

23 Richten Sie ein Quarantänebecken ein

Wenn Sie Ihr Meeresaquarium einrichten, sollten Sie ein zweites, kleineres Becken aufstellen, um es als Quarantänebecken zu nutzen. Das ist die beste Versicherung gegen das Einschleppen von Krankheitserregern. Alle neuen Fische sollten wenigstens zwei Wochen in diesem Quarantänebecken verbringen, bevor man sie in das Hauptbecken setzt (siehe auch Tipp 476).

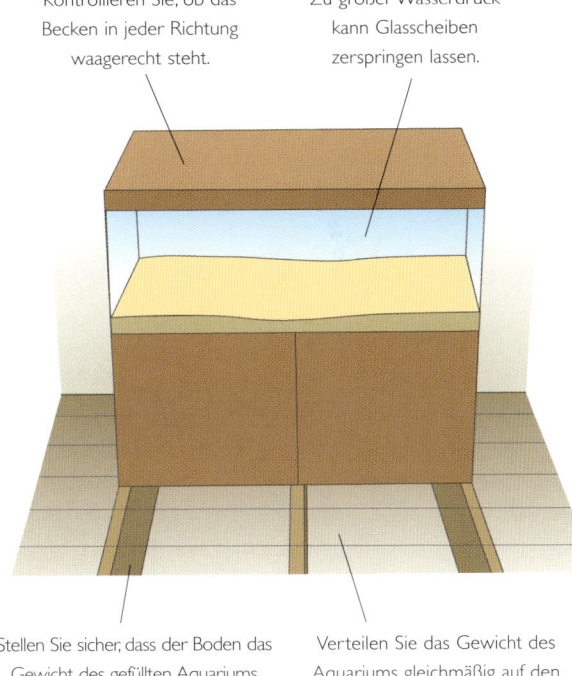

Kontrollieren Sie, ob das Becken in jeder Richtung waagerecht steht.

Zu großer Wasserdruck kann Glasscheiben zerspringen lassen.

Stellen Sie sicher, dass der Boden das Gewicht des gefüllten Aquariums tragen kann.

Verteilen Sie das Gewicht des Aquariums gleichmäßig auf den Stützbalken im Boden.

Tipp 22 Aquarien sind schwer und brauchen eine stabile Standfläche.

Einfahr-Phase

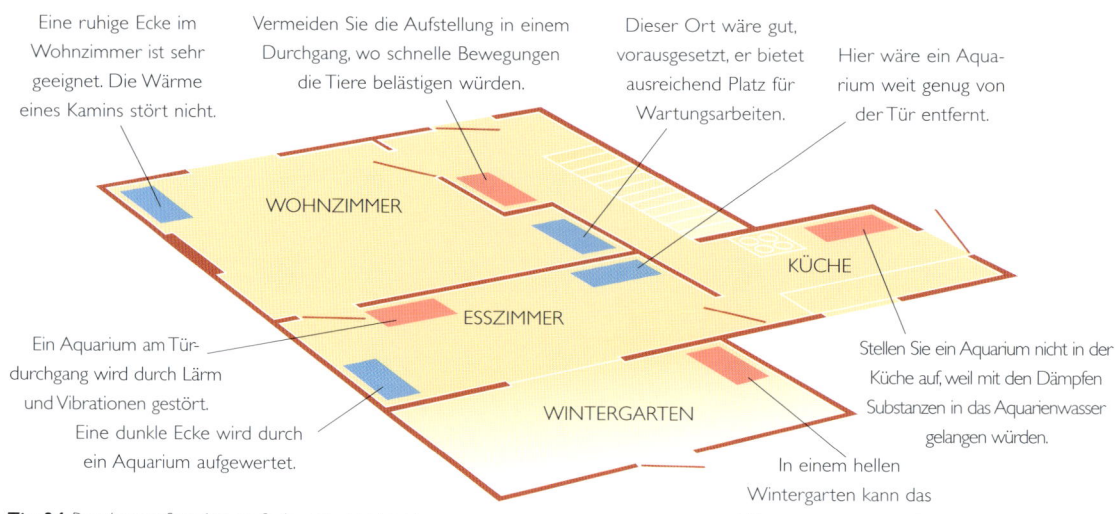

Eine ruhige Ecke im Wohnzimmer ist sehr geeignet. Die Wärme eines Kamins stört nicht.

Vermeiden Sie die Aufstellung in einem Durchgang, wo schnelle Bewegungen die Tiere belästigen würden.

Dieser Ort wäre gut, vorausgesetzt, er bietet ausreichend Platz für Wartungsarbeiten.

Hier wäre ein Aquarium weit genug von der Tür entfernt.

Ein Aquarium am Türdurchgang wird durch Lärm und Vibrationen gestört.

Eine dunkle Ecke wird durch ein Aquarium aufgewertet.

Stellen Sie ein Aquarium nicht in der Küche auf, weil mit den Dämpfen Substanzen in das Aquarienwasser gelangen würden.

In einem hellen Wintergarten kann das Wasser zu warm werden.

Tip 24 Den besten Standort zu finden, ist nicht leicht.

24 Wahl des optimalen Standortes für ein Meeresaquarium

Platzieren Sie Ihr Aquarium so, dass es möglichst wenig Störungen ausgesetzt ist. Der Standort sollte technische Aggregate und elektrische Anschlüsse zugänglich machen und keinen störenden Einflüssen, z. B. durch HiFi- oder TV-Geräte, ausgesetzt sein. Stellen Sie das Aquarium nicht in direkter Sonne auf oder in der Nähe eines Fensters mit Mittagssonne. Gute Raumbelüftung hilft im Sommer, Temperaturanstiege zu begrenzen. Vermeiden Sie Standorte in der Nähe von Abgasquellen (z. B. Kamin, Ofen einer Zentralheizung), wo Luftverunreinigungen über Abschäumer oder auf anderem Wege in das Aquarienwasser gelangen könnten. Vermeiden Sie auch die Aufstellung an Durchgängen.

25 Planen Sie Platz für Wartungsarbeiten ein und installieren Sie übersichtlich

Wenn Sie den Standplatz eines Aquariums im Raum planen, dann stellen Sie sicher, dass für Pflegearbeiten ausreichend Platz ist. Auch Übersichtlichkeit ist wichtig. Es macht durchaus Sinn, Kabel der elektrischen Geräte nicht nur ordentlich zu verlegen, sondern auch zu beschriften.

26 Bringen Sie die Rückwandverkleidung rechtzeitig an

Eine farbige Rückwandverkleidung am Aquarium anzubringen, kann zweierlei Nutzen bringen: einerseits schafft es eine gewisse Tiefenillusion, und andererseits verdeckt es die Wand. Eine solche Verkleidung sollte aber angebracht werden, bevor man das Aquarium an seinen Standort stellt und mit Wasser füllt. Am besten eignet sich ein blauer oder schwarzer Hintergrund.

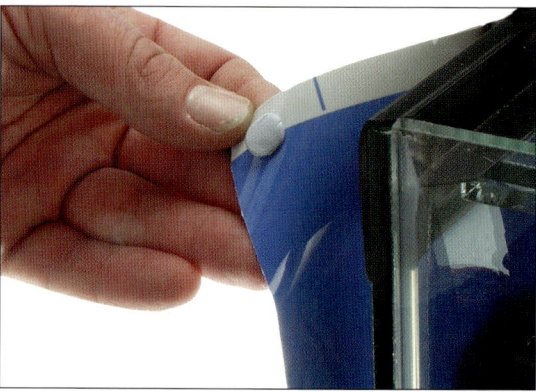

Tipp 26 Befestigen Sie die Rückwandverkleidung früh genug.

Einfahr-Phase

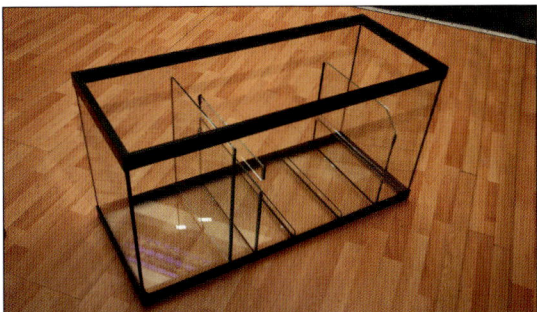

Tipp 27 Ein Filterbecken mit Trennscheiben

27 Ein Filterbecken kann technische Aggregate aufnehmen

Um im Aquarium mehr freien Raum zu schaffen, können Sie die technischen Aggregate (Filter, Heizstab, Abschäumer u. a.) in einem separaten Filterbecken platzieren. Die einzigen Geräte, die nicht im Filterbecken untergebracht werden können, sind die Strömungspumpen. Ein Meerwasseraquarium kann mit oder ohne Filterbecken erfolgreich betrieben werden.

Tipp 29 Brunnenbauer ziehen sich bei Störungen zurück.

28 Planen Sie das Filterbecken pannensicher

Wenn man unter dem Aquarium ein Filterbecken einplant (oder oberhalb des Aquariums ein Refugium), dann muss alles so installiert werden, dass es durch den Funktionsausfall technischer Aggregate nicht zu Störungen kommen kann. Bei einem Stromausfall muss das Unterbecken zusätzliches Wasser aufnehmen können, das vom Hauptbecken nach unten fließt, und nach dem Wiedereinsetzen der Stromversorgung muss auch der Ablauf des Wassers aus dem oben befindlichen Becken selbsttätig wieder einsetzen.

29 Aquarientiere lieben Ruhe

Stellen Sie sicher, dass Ihre Aquarienpfleglinge die nötige Ruhe haben. Halten Sie Kinder dazu an, nicht an die Glasscheiben zu fassen, und vermeiden Sie auch allzu häufige Störungen durch wiederholtes Hineingreifen in das Becken für kleinere Korrekturen.

30 Rechnen Sie immer mit allem

Verlassen Sie sich niemals auf Aussagen wie: „Wir haben nie Stromausfälle", oder „Diese Seeanemone wandert nie, also müssen Sie die Pumpen-Ansaugöffnungen nicht absichern". Wenn etwas passieren kann, dann wird es mit großer Sicherheit irgendwann auch dazu kommen. Mit einer pessimistischen Grundhaltung können Sie bei der Planung des Aquariums viel späteres Unheil verhindern.

31 Nehmen Sie sich Zeit für regelmäßige Pflegearbeiten

Die nötige Wasserqualität aufrecht zu erhalten, braucht Zeit für die Pflege. Ohne die nötige Mühe und Zeit in die Pflege des Aquariums zu investieren, lässt sich dieses Hobby nicht erfolgreich betreiben (siehe auch Tipps 369–391).

Aquariengestaltung

32 Auswählen der geeigneten Gesteinssorten

Prinzipiell ist es im Meeresaquarium immer sinnvoll, Kalkgestein zu verwenden und andere Gesteine zu meiden, die vielleicht mit dem Salzwasser reagieren und toxische Substanzen freisetzen könnten.

33 Ist Meeresgestein geeignet?

Reine Fischaquarien können gut mit dichtem Kalkgestein dekoriert werden, das sich in früheren Epochen in marinen Lebensräumen gebildet hat. Bei kleineren Becken kann es allerdings sinnvoll sein, poröseres Material zu verwenden, weil dieses eine geringere Wassermenge verdrängt.

34 Steine ohne toxische Einlagerungen verwenden

Bear in mind that any rock stored outdoors may well have been exposed to all manner of pollution, including pesticides, herbicides and petroleum products, which may not be readily detectable. A thorough scrubbing before use would deal with most external contamination. Old rock from a discarded tank, if not cleaned at the time the tank was broken down, could also represent a source of pollution.

35 Gestein aus Fischaquarien kann Kupfer enthalten

Mit Gestein aus einem älteren Fischaquarium können Sie sich Reste kupferhaltiger Fischmedikamente in das Aquarium einschleppen. Solche Reste lagern sich oft im Innern poröser Steine ab und gelangen dann im Lauf der Zeit langsam in das Aquarienwasser, wodurch Korallen schwer geschädigt werden. Im Zweifelsfall kann man das Gestein eine Weile in Salzwasser lagern und dann mit diesem Wasser einen Kupfertest durchführen. Außerdem kann man sicherheitshalber im Aquarium ein Kupfer bindendes Filtermaterial einsetzen.

Dieser Brocken Meeresgestein wurde vom Wasser glattgewaschen.

Kalkhaltiges Gestein aus dem Meer ist gut für die Basis des Gesteinsaufbaus geeignet.

Tipp 33 Meeresgestein

36 Künstliche Seeanemonen

Der Aquaristikhandel bietet seit einiger Zeit künstliche Seeanemonen aus Silikon oder anderen flexiblen Materialien an. Diese Gegenstände mögen meerwasserfest sein, doch die lebende Seeanemone können sie einem Paar Clownfische keinesfalls ersetzen.

Tipp 36 Künstliche Seeanemonen können lebende nicht ersetzen.

Aquariengestaltung

37 Künstliche Korallen

Der Aquaristikhandel bietet künstliche Korallenskelette an, die für reine Fischaquarien vorgesehen sind. Solche Imitationen können jedoch den Korallenfischen, die sich im Laufe ihrer Entwicklung an die Gegenwart lebender Korallen angepasst haben, keinesfalls eine natürlichere Umgebung schaffen und haben für einen Korallenriffaquarianer bestenfalls den Charme von Plastikblumen.

Eine synthetische Steinkoralle kann den Korallenfischen nicht die lebenden Korallen ersetzen, an die sie sich im Laufe von Jahrmillionen angepasst haben.

38 Was ist Lebendgestein und worin liegt sein Nutzen?

Lebendgestein bildet sich hauptsächlich aus Korallenfragmenten, die durch die Einwirkung von Stürmen entstehen. Dieses im Meeresaquarium sehr nützliche Gestein kann darum als eine erneuerbare Ressource angesehen werden. Meist ist es hochporös, so dass es nicht nur vielen Bakterien Siedlungsraum bietet, sondern auch kleinen Organismen wie Algen, Crustaceen, Mollusken, Schwämmen und anderen. Lebendgestein bringt eine reiche Mikrofauna in das Aquarium und verwandelt es in einen Biotop mit großer Artenvielfalt, während die Bakterien im Gestein viel dazu beitragen, die Stoffwechselprodukte der größeren Aquarienbewohner zu verarbeiten.

Nur mit lebenden Korallen haben Korallenfische eine natürliche Umgebung, Seefächer aus Plastik können diese nicht ersetzen.

Tipp 39 Lebendgestein ist funktionell und dekorativ.

39 Gutes Lebendgestein auswählen

Wählen Sie möglichst poröses Gestein, am besten mit erkennbaren Organismen wie Foraminiferen, Kalkalgen, Röhrenwürmern oder Makroalgen. Erwarten Sie nicht zahlreiche Korallenarten auf solchem Gestein, obgleich man hin und wieder kleine Polypengruppen findet. Primär kommt es auf eine Vielfalt von Kleinlebewesen an und auf Bakterien, die helfen, Stoffwechselprodukte der großen Aquarienbewohner abzubauen.

Aquariengestaltung

40 Soll das gesamte Lebengestein gleichzeitig eingesetzt werden?

Wenn das Riffaquarium mit schmalem Budget eingerichtet werden soll, kann es sinnvoll sein, zunächst eine kleine Menge hochwertigen Lebendgesteins einzusetzen, um eine ausreichende Mirkofauna einzubringen, und dann später zum Aufbau der Dekoration Stück für Stück weiteres, gut saniertes Lebendgestein. Man muss nicht alles auf einmal einbringen, sondern kann beispielsweise mit einem Riffpfeiler an einem Ende des Beckens beginnen, um dann im übrigen Teil des Aquariums später weitere Aufbauten zu erstellen.

41 Das Lebendgestein kann schädliche Tiere in das Aquarium bringen

Untersuchen Sie das Lebendgestein gründlich auf seine Bewohner. Nicht alle sind geeignet für ein Riffaquarium; manchmal versteckt sich in einer Höhle beispielsweise ein Fangschreckenkrebs (siehe auch Tipp 296–312).

42 Einbringen von Lebendgestein in das Aquarium

Lebendgestein sollte nur dann in das Becken eingebracht werden, wenn man sicher ist, dass Temperatur und Salzgehalt stabil sind. Abhängig von der Beckengröße kann dies nach dem Anmischen des Wassers mehr als zwölf Stunden Wartezeit erfordern. Zunächst lässt man die Transportbeutel mit dem Lebendgestein 15–20 Minuten im Aquarienwasser schwimmen, um die Temperatur anzugleichen. Wenn die Steine nur feucht transportiert wurden, ist ein schonendes Angleichen des Salzgehaltes schwer möglich. In diesem Fall sollten Sie die Steine mit kleinen Wasserportionen benetzen, bis sie schließlich ganz vom Wasser bedeckt sind. Nehmen Sie dann die Steine unter Wasser aus dem Transportbeutel und drehen Sie sie unter Wasser mehrfach in alle Richtungen, um möglichst viel Luft aus dem Innern herauszubefördern. Dadurch vermeiden Sie, dass durch die Lufteinlagerungen weitere marine Organismen im Innern des Gesteins absterben. Am besten wiederholen Sie diese Prozedur nach einigen Stunden noch einmal (siehe auch Tipp 122).

Tipp 43 Lassen Sie ausreichend Platz im Aquarium für Lebendgestein und Korallen.

Aquariengestaltung

43 Vermeiden Sie das Überfüllen des Aquariums mit Dekorationsgestein

Wenn Sie ein Riffbecken einrichten, berücksichtigen Sie, dass das Dekorationsgestein nur die Basis darstellen soll, auf der das Riff errichtet wird. Lassen Sie Raum für die Korallen frei, die später eingesetzt werden sollen.

44 Verwenden Sie ein Vergrößerungsglas

Setzen Sie ein Vergrößerungsglas ein, um die winzigen Organismen im Lebendgestein zu betrachten. Ohne eine solche Lupe werden Sie viele dieser Kleintiere nicht entdecken.

45 Gestaltung des Steinaufbaus

Prinzipiell ist gestalterische Kreativität kaum zu erlernen, aber man tut gut daran, immer unten mit den größten und schwersten Steinen zu beginnen und nach oben hin immer leichtere, porösere zu verwenden. Auch sollten möglichst viele Zwischenräume bestehen bleiben, um nicht nur das Wasser hindurch zu lassen, sondern auch den Fischen Versteckmöglichkeiten zu bieten. In kleinen Aquarien sollte weniger Gestein verwendet werden. Vermeiden Sie, die begrenzte Wassermenge noch zusätzlich durch viel massives Gestein zu verringern. Zwei faustgroße Steine mit einem Zwischenraum von 5 cm verdrängen weniger Wasser als ein einzelner Stein derselben Gesamtlänge. Treten Sie während des Gestaltens auch ab und zu einige Meter zurück, um die ästhetische Wirkung aus größerer Entfernung beurteilen zu können.

Tipp 45 Erstellen Sie einen stabilen Aufbau aus Lebendgestein.

Tipp 47 Sie können das Gestein mit einem Stützgerüst sichern.

46 Erstellen Sie den Steinaufbau mit der nötigen Stabilität

Sobald Sie einen Stein platziert haben, prüfen Sie die Stabilität des Aufbaus. Stellen Sie bei jedem Stein sicher, dass er sich nicht bewegen kann. Lässt sich ein Stein nicht in eine unbewegliche Position bringen, versuchen Sie es mit einem anders geformten. Das Erstellen eines Steinaufbaus ist nicht leichter als das Zusammensetzen eines Puzzles ohne eine Bildvorlage, aber im Lauf der Zeit bekommt man ein Gefühl für die passenden Steine und die richtige Lage.

47 Befestigen Sie Ihr Dekorationsgestein

Das Dekorationsgestein im Aquarium kann auf unterschiedliche Weise befestigt werden. Krebse, Schnecken oder Seeigel können bei ihrer Suche nach Nahrung zwischen den Steinen auch ganze Gesteinsbrocken in Bewegung bringen. Man kann dies verhindern, indem man die Steine aneinander befestigt, sie auf feste Gestelle legt, die aus Kunststoff oder Glas hergestellt werden, oder die einzelnen Steine durchbohrt und Kunststoffrohre hindurchsteckt, um sie zu sichern.

Aquariengestaltung

48 Gesteins-Stützen helfen bei der Aquariengestaltung

Der Aquaristik-Fachhandel bietet einige Produkte an, die das Erstellen eines Steinaufbaus vereinfachen können. Ein Beispiel dafür sind die Gesteins-Stützen, die Horizontalflächen besitzen, auf denen Dekorationsgestein befestigt werden kann. Ein Hersteller bietet ein Produkt an, das sich auch am Oberrand des Aquariums verankern lässt, so dass man damit Aufbauten erstellen kann, die bis zur Wasseroberfläche reichen, oder Steine weit oben fixieren kann, damit darunter eine Höhle entsteht.

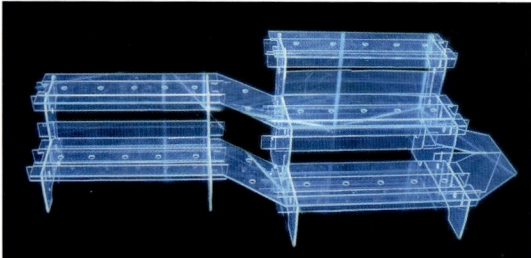

Tipp 48 Eine Steindekoration kann auch mit speziellen Gesteinsstützen erstellt werden.

49 Nutzen Sie die vorhandene Menge Lebendgestein optimal aus

Vor allem in kleineren Aquarien machen solche Gestelle Sinn, weil mit ihrer Hilfe die verwendete Gesteinsmenge geringer und damit auch weniger Wasser verdrängt wird. Dadurch erhöht sich die restliche Wassermenge, was die biologische Stabilität verbessert. Auch wenn das Budget für viel Lebendgestein nicht ausreicht, kann ein solches Gestell hilfreich sein.

50 Lassen Sie ausreichend Schwimmraum für die Fische

Eine Riffwand wirkt eindrucksvoll, aber vergessen Sie nicht, für Ihre Fische genügend Schwimmraum zu lassen. Und wenn Sie Gesteins-Stützen als Gestaltungshilfsmittel einsetzen, arbeiten Sie immer so, dass davon kein Fisch eingesperrt werden kann.

51 Gesteins-Stützen selbst herstellen

Man kann sich leicht selbst Gesteins-Stützen herstellen, indem man Platten aus Acryl oder Kunststoffgitter miteinander verklebt. Solche Kunststoffgitter werden von der Industrie als Diffusoren für Leuchtstofflampen hergestellt und sind im Elektro-Großhandel erhältlich. Stellen Sie sicher, dass das verwendete Material lebensmittelecht ist. Die Gitter können mit Hilfe von Kabelbindern aneinander befestigt werden.

Tipp 50 Eine Riffschlucht hat eine dramatische Wirkung.

Aquariengestaltung

52 Wie wichtig ist die Einfüllhöhe des Bodengrundes?

Die Einfüllhöhe des Bodengrundes ist heutzutage nicht mehr entscheidend. Der Grund ist einfach: Der traditionelle Bodenfilter ist im Meerwasseraquarium durch andere Filtertechniken ersetzt worden, so dass der Bodengrund heute primär eine ästhetische Funktion erfüllt. Anders ist dies lediglich, wenn man ein Aquarium nach dem Jaubert-Verfahren einrichtet, ein Tiefsandbett verwendet oder im Boden lebende bzw. grabende Tiere pflegt (z. B. Lippfische oder Brunnenbauer), deren Bedürfnisse eine bestimmte Mindest-Einfüllhöhe verlangen (siehe auch Tipp 110).

Tipp 52 Korallensand ist ein geeignetes Bodengrundmaterial.

53 Grabende Tiere benötigen Bodengrund mit verschiedenen Korngrößen

Wenn Sie grabende Tiere pflegen möchten, müssen Sie nicht nur die Höhe der Bodengrundschicht beachten, sondern auch die Korngröße. Während beispielsweise für eine Sandanemone lediglich eine Schichtdicke von rund 10 cm wichtig ist, benötigen aktiv grabende Tiere wie Knallkrebse oder Brunnenbauer Material unterschiedlicher Korngrößen, die von Sand über feinen Kies bis zu Korallenbruch reichen sollten. Nur mit solchem Material können sie Baue erstellen, die nicht kollabieren.

54 Entfernen eisenhaltiger Materialien

Manche Bodengrundmischungen müssen vor der Verwendung nicht mehr gewaschen werden, doch es ist oft ratsam, mit einem Magneten nach eisenhaltigen Partikeln zu fahnden. Schweben nach dem Einbringen des Bodengrundmaterials feine Partikel im Wasser, dann können diese mit einem sehr feinmaschigen Netz herausgefangen werden.

55 Das Bodensubstrat bietet vielen Kleinorganismen Lebensraum

Wenn Sie eine Stunde nach dem Abschalten der Beleuchtung mit einer Taschenlampe den Bodengrund untersuchen, werden Sie im Bodengrund eines gut eingefahrenen Riffaquariums unzählige winzige, nachtaktive Organismen finden.

Tipp 53 Brunnenbauer sitzen aufrecht in ihrer Wohnhöhle.

Heizung und Beleuchtung

56 Wie stark soll der Heizstab in einem Fischaquarium sein?

Normalerweise wählt man zwei Watt pro Liter, und in großen Aquarien verteilt man diese Wattleistung auf zwei Heizstäbe. Verstellen Sie den Einstellknopf immer nur in kleinen Schritten, und warten Sie wenigstens 20–30 Minuten vor einer weiteren Korrektur.

57 Verwenden Sie zwei Regelheizer

Verwenden Sie möglichst zwei Heizstäbe mit jeweils der Hälfte der erforderlichen Leistung. Damit sichern Sie sich gegen einen Thermostaten ab, der in der „Ein"-Stellung blockiert ist, denn der Heizer ist dann zu schwach, um das Aquarienwasser gefährlich zu überhitzen.

Tipp 56 Verstellen Sie den Regelknopf des Regelheizers nur in kleinen Schritten.

58 Verwenden Sie ein Heizstab-Schutzrohr

Verschiedene Fische sitzen gern auf dem Boden oder anderen Oberflächen, und ein Heizstab-Schutzrohr hält sie auf Distanz, so dass es nicht zu Verbrennungen kommen kann. Für Für Wirbellose wie Stachelhäuter, Mollusken oder Seeanemonen ist dies besonders wichtig.

59 Temperaturkontrolle im Riffaquarium

In Riffaquarien oberhalb von etwa 200 l Volumen ist das Heizen relativ problemlos. Nach dem Neueinrichten muss der Heizer die Temperatur auf den Sollwert bringen, aber im Dauerbetrieb leistet der Heizer bei den meisten Aufstellorten des Aquariums nur geringe Arbeit, vielleicht einmal von einigen besonders kalten Nächten abgesehen. Im Prinzip fungiert ein Aquarium als Wärmespeicher, der tagsüber Raumwärme aufnimmt und sie nachts wieder langsam abgibt.

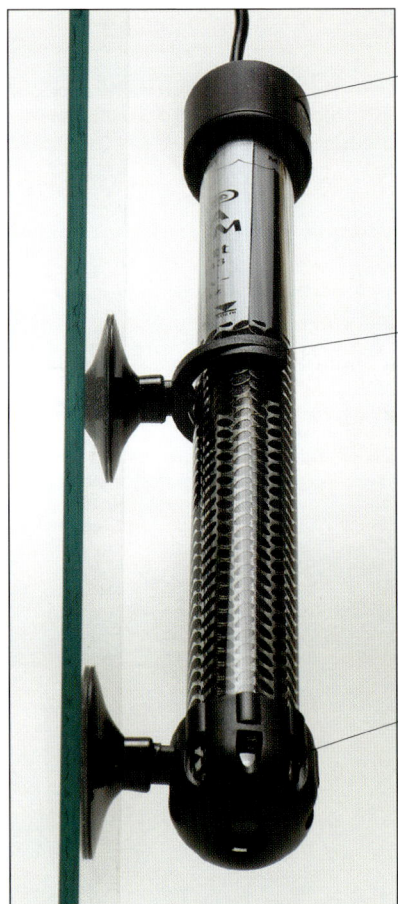

Ein Regelheizer ist ein Heizstab, der mit einem Thermostat kombiniert wurde.

Verwenden Sie die Saugnapfhalter, um ihn zur Glasscheibe auf Distanz zu halten.

Eine Plastikkappe schützt das Ende des Stabes.

Ein typischer Regelheizer für Aquarien

Heizung und Beleuchtung

Tipp 59 Große Riffaquarien brauchen keine Heizung.

60 Lassen Sie Heizstäbe vor dem Herausnehmen abkühlen

Wenn Sie einen Heizstab zum Reinigen aus dem Aquarium nehmen möchten, ziehen Sie zuvor den Netzstecker und lassen Sie das Gerät einige Minuten abkühlen, denn einen heißen Heizstab lässt man allzu leicht fallen.

61 Langfristige Temperaturkontrolle

Prinzipiell weicht die Wassertemperatur eines Riffaquariums wegen der nötigen starken Beleuchtung eher nach oben ab als nach unten. Die Tiere besitzen im Aquarium eine gewisse Temperaturtoleranz, doch plötzliche Erhöhungen von mehreren Grad sollten ebenso vermieden werden wie längere Phasen oberhalb von 30 °C, weil es dabei bereits zu Ausbleichungserscheinungen der Korallen kommen kann. Je nach Art können erste Schäden schon bei 32 °C beginnen.

62 Verwenden Sie mehrere externe Thermometer

Wenn Sie mehrere Klebethermometer mit Flüssigkristallanzeige einsetzen und an unterschiedlichen Stellen des Aquariums anbringen, können Sie die Temperaturentwicklung im gesamten Becken überwachen. Richten Sie die Wasserströmung so aus, dass kalte Ecken vermieden werden.

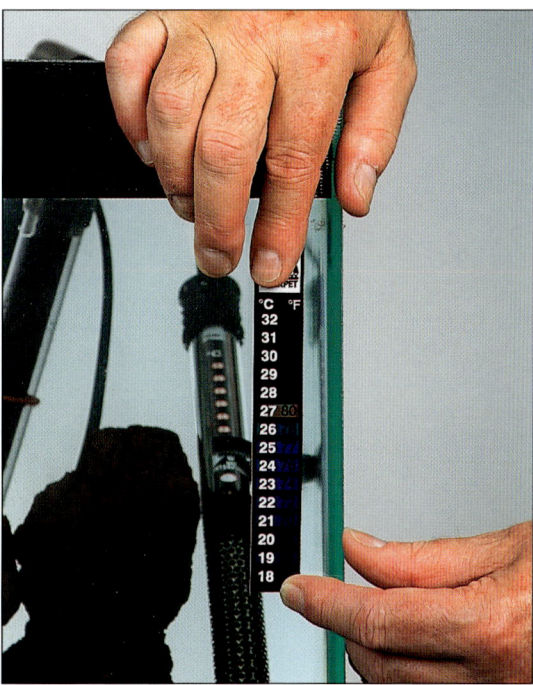

Tipp 62 Überwachen Sie die Temperatur mit einem externen Thermometer.

63 Ist ein Kühlgerät entbehrlich?

Das Installieren eines Kühlgerätes ist ein sehr effektiver Weg, eine Überhitzung des Wassers zu verhindern. Manche Aquarianer halten das in Ländern mit gemäßigtem Klima für überflüssig, doch wenn man bedenkt, welche große Geldsumme man in den Besatz seines Riffaquariums investiert hat, und auch noch die Verantwortung des Pflegers für seine Tiere berücksichtigt, ist die Investition für ein Kühlgerät leicht zu rechtfertigen.

Heizung und Beleuchtung

64 Welche Arten von Kühlgeräten gibt es?

Man unterscheidet grundsätzlich drei verschiedene Kühlgeräte-Arten: Aggregate, die mit Kühlmittel arbeiten, Verdunstungskühler und solche, die Peltier-Elemente verwenden. Sie alle haben einen unterschiedlichen Wirkungsgrad. Diejenigen mit Peltier-Elementen (thermoelektrische Bauelemente) sind die preiswertesten, aber auch die am wenigsten effektiven. Darum eignen sie sich vor allem für kleinere Aquarien.

65 Verdunstungskühler sind eine preiswerte Kühlmöglichkeit

Verdunstungskühler sind etwas teurer als Geräte mit Peltier-Elementen. Sie sind sehr effektiv und sparsam im Stromverbrauch, produzieren aber viel zusätzliche Verdunstung, so dass man möglichst eine automatische Wassernachfüllanlage einsetzen sollte. Auch sollte man berücksichtigen, dass die Luftfeuchtigkeit gesteigert wird, so dass es nötig wird, den Raum gut zu belüften.

66 Kühlgeräte mit Zusatzfunktionen

Geräte, die mit Kühlmittel arbeiten, sind wahrscheinlich die beste Wahl. Sie sind hocheffektiv und leicht zu installieren, doch sie kosten auch am meisten. Einige dieser Geräte besitzen Zusatzfunktionen wie eine eingebaute Heizung oder UV-Entkeimung.

Ein Kühlgerät lässt sich leicht an das Aquarium anschließen.

67 Aquarienkühlung im Notfall

Eine gewisse Kühlwirkung lässt sich durch Plastiktüten oder wasserdichte Lebensmittelbehälter aus Kunststoff erreichen, die mit Eis gefüllt sind und im Wasser schwimmen. Eine weitere Möglichkeit ist, das Wasser in einer Umkehrosmoseanlage zu gefrieren und dieses Eis anstelle des Nachfüllwassers in das Aquarium zu geben. Diese Methoden sind allerdings weniger für den Dauereinsatz geeignet, sondern eher als Notfallmaßnahme.

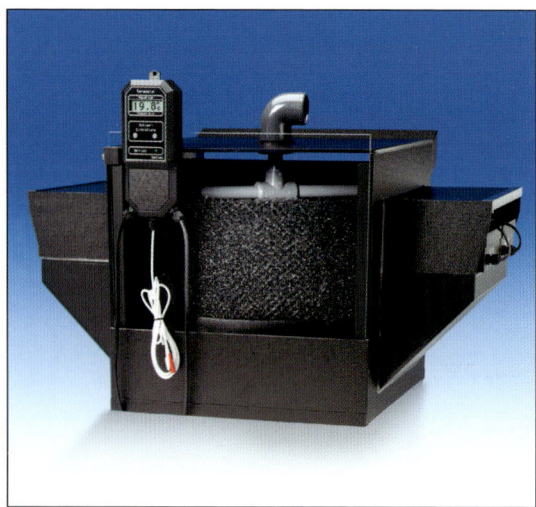

Tipp 65 Ein Verdunstungskühler

Tipp 67 Eiswürfel in einer Plastiktüte sind eine Notfallmaßnahme.

Heizung und Beleuchtung

Tipp 64 Stark beleuchtete Riffaquarien benötigen oft eine Kühlung, um die Wassertemperatur niedrig zu halten.

68 Verdunstungskühlung mit einem Ventilator

Man kann auch einen Kühleffekt erreichen, indem man den Luftstrom eines Ventilators über das Aquarium oder das Filterbecken leitet. Allerdings muss man berücksichtigen, dass dadurch die Verdunstung gesteigert wird. Solche Ventilatoren sind sehr preiswert. Stellen Sie aber sicher, dass diese Geräte weit genug vom Aquarium aufgestellt und so befestigt sind, dass sie nicht ins Wasser fallen oder durch Spritzwasser nass werden können. Auch sollten Sie bedenken, dass Ventilatoren in der Nähe eines Meerwasseraquariums leicht korrodieren und nach ein oder zwei Jahren ersetzt werden müssen.

69 Kühlwirkung durch einen Abluftventilator

Auch ein Abluftventilator, der die Raumluft nach draußen befördert und damit Lampenwärme über dem Aquarium abtransportiert, kann einen nennenswerten Kühleffekt entwickeln. Noch effektiver wird dies, wenn gleichzeitig ein zweiter Ventilator kühlere Außenluft nach innen fördert.

70 Aquarium durch Raumklimaanlage kühlen

Die Klimaanlage eines Raumes kann sehr effektiv dazu beitragen, das Überhitzen eines Riffaquariums im Sommer zu verhindern. Allerdings ist eine solche Anlage in Installation und Betrieb sehr teuer. Tragbare, mobile Raumkühler sind preiswerter, im Unterhalt aber ebenfalls kostenintensiv.

71 Energie sparende Kühlsysteme

Der Energieaufwand für den Betrieb von Kühlventilatoren lässt sich auf unterschiedliche Weise reduzieren. Man kann sie beispielsweise mit einer Zeitschaltuhr parallel zu den Halogenmetalldampflampen ein- und ausschalten. Das ist eine einfache Lösung, auch praktikabel, wenn man abwesend ist. Eine andere Möglichkeit ist, einen Thermostaten einzusetzen. Sobald die eingestellte Höchsttemperatur erreicht ist, schaltet sich der Ventilator dann automatisch ein, und wenn die vorgegebene Solltemperatur hergestellt ist, wird er wieder abgeschaltet. In Räumen mit zahlreichen Aquarien eignet sich ein solcher Thermostat auch für die Steuerung der Raumtemperatur mit Hilfe einer Klimaanlage.

Heizung und Beleuchtung

72 Farbverstärkung der Fische oder natürliche Farbwirkung?

Die Farbwirkung der Aquarienfische ist abhängig von der spektralen Zusammensetzung der Aquarienbeleuchtung. Der Farbton einer Lichtquelle wird in der Einheit Kelvin angegeben (K). Eine Kerzenflamme hat eine sehr warme Lichtfarbe mit ca. 1.800 K, während die der Mittagssonne in den Tropen ca. 6.500 K hat. Lampen mit höheren Kelvin-Werten (z. B. 10.000, 14.000 oder 20.000 K und höher) erzeugen eine entsprechend kühlere Lichtfarbe, die bis hin zum Blau gehen kann. Wärmere Lichtfarben bringen die roten und gelben Farbtöne der Fische besser zur Geltung, kühlere Lichtfarben lassen diese Farbtöne schwächer erscheinen und geben den Fischen damit das natürliche Aussehen, das sie im Meer mit der dort vorherrschenden, blauen Lichtfarbe haben.

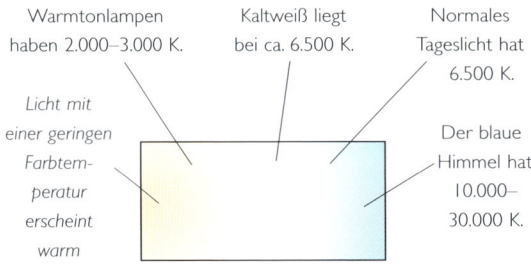

Warmtonlampen haben 2.000–3.000 K.

Kaltweiß liegt bei ca. 6.500 K.

Normales Tageslicht hat 6.500 K.

Licht mit einer geringen Farbtemperatur erscheint warm

Der blaue Himmel hat 10.000–30.000 K.

73 Welche Typen von Leuchtstofflampen gibt es?

Für die Beleuchtung von Aquarien stehen drei unterschiedliche Typen an Leuchtstofflampen zur Verfügung. Die konventionellen T8-Röhren haben 25 mm Durchmesser und sind in Privat- und Gewerberäumen sehr verbreitet. T5-Röhren besitzen nur 16 mm Durchmesser und produzieren pro Zentimeter Länge mehr Licht. Diesen Typ gibt es auch als sehr kurze Kompaktlampe, bei der die Röhre U-förmig gebogen ist.

74 Verbesserte Lichtausbeute durch Aufsteckreflektoren

Sofern nicht die Innenseite der Beleuchtungsabdeckung mit reflektierendem Material ausgekleidet ist, geht viel von dem Licht verloren, das die Leuchtstofflampen produzieren. Aufsteckreflektoren, die fast die gesamte obere Hälfte der Leuchtstofflampen bedecken, können das nach oben abgestrahlte Licht sehr effektiv nach unten in das Aquarium reflektieren.

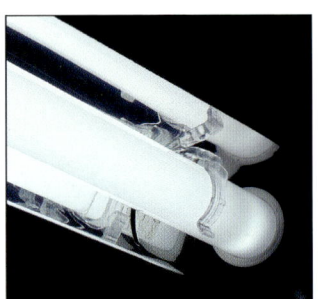

Tipp 74 Gebogene Reflektoren erhöhen die Lichtausbeute.

75 Vor- und Nachteile von Halogenmetalldampflampen

Halogenmetalldampflampen produzieren ein starkes Licht, das dem natürlichen Sonnenlicht ähnelt. Sie erzeugen auf dem Bodengrund auch die netzähnlichen Flimmermuster, die in der Natur zu sehen sind. Allerdings sind sie in der Anschaffung sehr teuer, produzieren über dem Aquarium viel Wärme und müssen mit großem Sicherheitsabstand zur Wasseroberfläche betrieben werden.

Tipp 73 Drei Leuchtstoffröhren-Typen, von oben: T8, T5 und Kompaktlampe

Heizung und Beleuchtung

76 Welcher Lampentyp für welches Aquarium?

Leuchtstofflampen eignen sich nur für Aquarien bis 45 cm Höhe. Bei größerer Aquarienhöhe sind Halogenmetalldampflampen nötig. Bei Weichkorallenaquarien bis 60 cm Höhe erreicht man mit 150-Watt-Lampen gute Ergebnisse, mit 250-Watt-Lampen allerdings noch bessere. Pflegt man aber Tiere mit mehr Lichtbedarf, vor allem kleinpolypige Steinkorallen wie *Acropora*-Arten, dann kann man zwar mit 250-Watt-Lampen arbeiten, wird aber mit 400-Watt bessere Resultate haben, vor allem, wenn die Beckenhöhe oberhalb von 60 cm liegt.

77 Sauberkeit erhöht die Lichtausbeute

Selbst gute Lampen mit hervorragenden Reflektoren haben schlechte Karten, wenn darunter eine salzverkrustete Abdeckscheibe liegt oder das Wasser verunreinigt ist. Auch eine Kahmschicht an der Wasseroberfläche reduziert die Lichtmenge. Abdeckscheiben und Filter sollten daher regelmäßig gereinigt werden.

78 Langsam an Lichtmenge anpassen

Manche Korallen haben einen noch höheren Lichtbedarf als andere. Doch einige Korallen nehmen die plötzliche Erhöhung der Lichtmenge übel. Um diese Anpassung zu erleichtern, sollte man die Lampe zunächst höher hängen und dann erst nach und nach auf die dauerhafte Position absenken. Dadurch können sich die Aquarienbewohner allmählich an die höhere Lichtmenge gewöhnen.

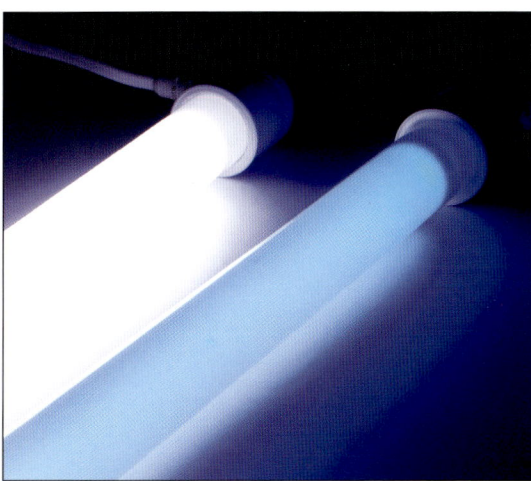

Tipp 79 Tageslicht- und Blauröhre im Vergleich

79 Vorteile blauer Leuchtstofflampen

Die so genannten aktinischen Lampen besitzen ihre höchste Lichtausbeute im blauen Spektralbereich (ca. 420 nm). Manche sessilen Wirbellosen einschließlich vieler Korallenarten mögen diese Strahlung besonders. Oft werden solche blauen Leuchtstofflampen parallel zu den Tageslichtfarbenen betrieben, morgens jedoch früher eingeschaltet und abends später abgeschaltet, so dass eine Dämmerphase entsteht. Zwar gibt es in der Natur nicht unbedingt eine solche Blauphase, doch sie hilft als Übergang zwischen der hellen Phase und der nächtlichen Dunkelphase, Stress bei den Fischen zu vermeiden.

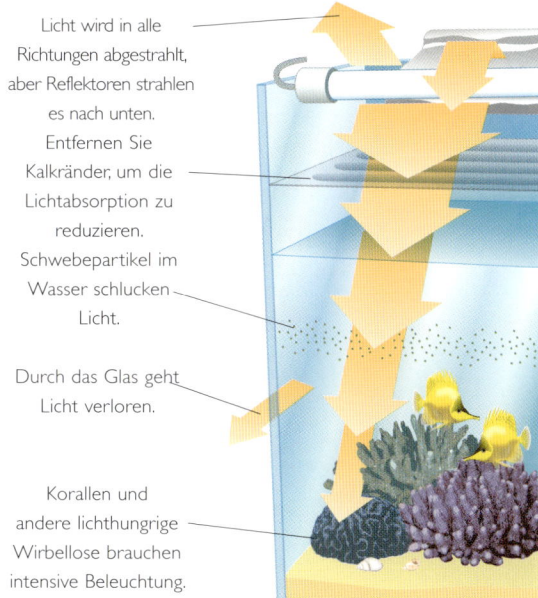

Licht wird in alle Richtungen abgestrahlt, aber Reflektoren strahlen es nach unten. Entfernen Sie Kalkränder, um die Lichtabsorption zu reduzieren. Schwebepartikel im Wasser schlucken Licht.

Durch das Glas geht Licht verloren.

Korallen und andere lichthungrige Wirbellose brauchen intensive Beleuchtung.

Tipp 77 Optimieren Sie die Beleuchtung.

Heizung und Beleuchtung

80 Fluoreszieren der Korallen

Während der Dämmerphase, in der nur blaue Leuchtstofflampen das Aquarium erhellen, erlebt man manche seiner Korallen in ungewöhnlicher Färbung, weil ihre Oberfläche fluoresziert. Oft entwickeln sie in diesem Licht ganz andere Farben. Manche Korallen scheinen in normalem Tageslicht identisch auszusehen, zeigen aber unter reiner Blaubeleuchtung unterschiedliche Farben.

81 Wie viele Lampen braucht ein Meeresaquarium?

Für ein Aquarium mit bis zu 40 cm Tiefe (von Vorder- bis Rückseite) benötigt man wenigstens vier Leuchtstofflampen. Tiefere Becken brauchen entsprechend mehr Lampen. Oberhalb von 45 cm Aquarienhöhe sind Leuchtstofflampen nicht mehr ausreichend. Eine Halogenmetalldampflampe genügt für jeweils 60–100 cm Beckenlänge.

82 Platzierung der Lichtfarben

Bringt man Leuchtstofflampen verschiedener Lichtfarbe in der Beleuchtungsabdeckung eines Fischaquariums unter, dann gehören die Blauröhren nach hinten. Installiert man dann die tageslichtweißen Lampen vorn, erhellen sie das Aquarium, während die Blauröhren im hinteren Bereich einen Tiefeneindruck erzeugen. In einem Riffaquarium sollten die blauen Röhren allerdings direkt über jenen Korallen platziert werden, die Blaustrahlung brauchen.

Tipp 82 Tageslicht- und Blauröhren in einer Kombination

83 Tagesrhythmus

Tiere aus tropischen Riffen sind an einen natürlichen Tagesablauf gewöhnt. Sie kennen eine 12-stündige Beleuchtungsphase pro Tag, mit einem relativ kurzen Übergang zur Dunkelheit. Darum sollte man diesen Tagesrhythmus auch im Aquarium erzeugen. Schwächere Beleuchtung durch Leuchtstofflampen kann man bis zu einem gewissen Grade kompensieren, indem man die Lichtphase auf bis zu 14 Stunden ausdehnt.

Tipp 81 Hervorragendes Licht ist wichtig.

Heizung und Beleuchtung

Licht im Aquarium

Aquarienbeleuchtung sollte natürliches Licht nachstellen, kann aber in gewissem Rahmen angepasst werden.

Eine blaue Leuchtstofflampe wird vor dem Rest der Beleuchtung eingeschaltet, um einen Dämmerungseffekt zu erzielen.

Am Abend werden die Lampen bis auf eine Blauröhre abgeschaltet, damit eine Abenddämmerung entsteht.

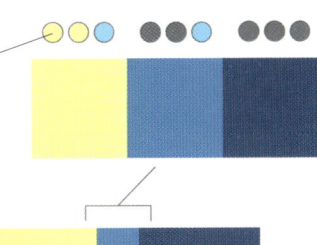

84 Zeitschaltuhren für die Beleuchtung

Verwenden Sie Zeitschaltuhren, um die Beleuchtung ein- und auszuschalten. Zumindest für Blau- und Tageslichtröhren sollte man separate Schaltuhren einsetzen. Hat man aber mehrere Tageslichtröhren, kann man sie auch mit separaten Schaltuhren betreiben. Möchten Sie mit Blauröhren eine Dämmerphase schaffen, sollten dies 30–60 Minuten früher ein- und später ausgeschaltet werden als die tageslichtweißen Lampen.

85 Reduzierte Beleuchtungsphase bei Neueinrichtung

In den ersten zwei Wochen sollte man das frisch eingerichtete Meeresaquarium täglich nur sechs Stunden beleuchten. In dieser Phase wäre die volle Beleuchtungsphase für das Aquarium eher schädlich, weil in dieser Zeit verschiedene Algenplagen drohen. Darum ergibt es viel Sinn, mit der vollen Lichtphase zu warten, bis man photosynthetisch lebende Organismen einsetzt.

Der typische Tropentag dauert 12 Stunden und geht von 7.00–19.00 Uhr.

Verschiebt man diese Phase auf die Zeit von 11.00–23.00 Uhr, hat man abends Zeit, das Aquarium zu beobachten.

86 Lichtphase langsam verlängern

Wenn man das Aquarium mit Korallen und anderen photosynthetisch lebenden Organismen besetzt, sollte man alle 4–5 Tage die Beleuchtungsphase um eine halbe bis eine ganze Stunde verlängern, bis ein voller 12-Stunden-Tag erreicht ist. Dabei sollte man sehr sorgfältig auf eine Verstärkung des Algenwuchses achten, und falls es zu einer Zunahme kommt, muss die Lichtphase entsprechend verkürzt werden.

87 Anpassen der Lichtphase an den eigenen Tagesrhythmus

Beim Einstellen des Tagesrhythmus für die Aquarientiere richtet man sich am besten nach den eigenen Gewohnheiten, so dass die Lichtphase in diejenige Zeit fällt, in der man selbst auch die Muße hat, das Aquarium zu betrachten, z. B. abends.

Tipp 87 Passen Sie die Beleuchtungsphase Ihrem Tagesrhythmus an.

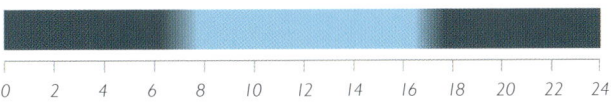

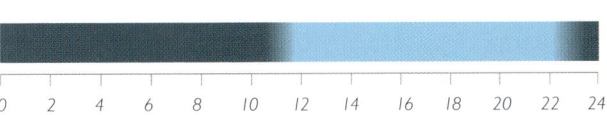

Wasserpflege

88 Wasserpflege ist wichtig

Die chemischen und physikalischen Umgebungsbedingungen im Korallenriff sind außerordentlich stabil. Um Ihre Aquarientiere gesund zu erhalten, müssen Sie auch in Ihrem Aquarium eine ähnliche Stabilität der Bedingungen erreichen.

Tipp 88 Eine Riffkante in Indonesien bei Ebbe

89 Es kommt nicht nur auf die Filterung an

Die Filterung ist nicht der einzige Punkt, dem wir im Riffaquarium Aufmerksamkeit widmen müssen. Auch viele andere Details können für den Einsteiger wichtig sein, wie das Verstehen der Vorgänge bei der biologischen Filterung oder die Kenntnis dessen, was geschieht, wenn man „inkompatible Tiere" vergesellschaftet oder instabile Aquarienverhältnisse bestehen. Der Fachhandel hält zahlreiche Filtersysteme bereit, aber theoretisch sollte jedes Biofiltersystem die Anforderungen erfüllen, wenngleich es durchaus Qualitätsunterschiede gibt.

90 Erstbefüllung des Aquariums

Richtet man ein Meeresaquarium ein, dann kann das Aquarium als Behälter für das Anmischen des Meerwassers genutzt werden. Dazu bereitet man das künstliche Meerwasser, bevor das Dekorationsgestein eingesetzt wird. Das erfordert allerdings, dass man nicht bis zur maximalen Einfüllhöhe geht, weil das Gestein später noch Wasser verdrängt.

91 Umkehrosmose-Wasser für einen guten Start

Für ein Riffaquarium ist es unverzichtbar, Leitungswasser mit extrem geringem Gehalt an Nährstoffen zu verwenden. Dabei sollte man alles tun, um Nitrate, Phosphate und Silikate zu reduzieren, die sonst jene Algen fördern würden, unter denen die Korallen später besonders leiden würden. Je besser man ihre Vermehrung anfangs begrenzt, umso weniger hat man später damit zu kämpfen, sie zurückzudrängen. Das Mindeste, was man tun sollte, ist, das Leitungswasser mit einem Nitrat bindenden Medium zu filtern. Eine Umkehrosmoseanlage ist allerdings der einfachste Weg, einwandfreies Aquarienwasser zu erzeugen. Das geht leicht mit Hilfe einer eigenen Umkehrosmoseanlage. Bei vielen Aquaristikfachhändlern kann man allerdings auch Osmosewasser kaufen.

Tipp 91 Eine Umkehrosmoseanlage entfernt Verunreinigungen aus dem Leitungswasser.

Wasserpflege

Tipp 92 *Turbo*-Schnecken fressen Algen.

92 Einsiedlerkrebse und herbivore Schnecken

Wenn Sie ein neues Meeresaquarium für Fische einrichten, sollten Sie dem biologischen Filtersystem genügend Zeit zum Reifen geben (Ammonium- und Nitritwerte sollten bei null liegen), bevor Fische eingesetzt werden. Die Beleuchtung fördert aber in dieser Phase das Algenwachstum. Um dies zu begrenzen, sollten Sie zu dieser Zeit bereits einen „Reinigungstrupp" aus algenfressenden Einsiedlern und Schnecken im Becken haben. Die Einsiedler halten den Bodengrund sauber, während die Schnecken Algenbeläge fressen.

93 Das frisch eingerichtete Aquarium ist ein rauer Lebensraum

In der ersten Zeit sind die Lebensbedingungen in einem Fisch-Meerwasseraquarium sehr unwirtlich. Der Biofilter arbeitet noch nicht optimal und ist leicht überlastet. Die mangelnde Erfahrung des Aquarianers kann in dieser Zeit auch noch zu Fehlern führen. In dieser Phase bedarf es großer Aufmerksamkeit, um Probleme durch das noch nicht ausgereifte System und den unerfahrenen Aquarianer zu vermeiden, die für die Fische Stress darstellen und die Ausbreitung ansteckender Krankheiten fördern würden.

94 Käufliche Bakterienpräparate beschleunigen die Einfahrphase

Mit Hilfe käuflicher Bakterienkulturen, die sich im Biofilter ansiedeln, kann man die Einfahrphase beschleunigen. Sie sind beim Fachhändler erhältlich und helfen, schneller Kolonien nitrifizierender Bakterien zu etablieren.

95 Rieselfilter

Wenn genügend Raum zur Verfügung steht, können Sie in ein Fisch-Aquarium einen Durchlauf-Rieselfilter oder einen Rieselturm integrieren, möglicherweise auch in das Filterbecken. Dabei handelt es sich um einen sehr effektiven Biofilter zur Nitrifikation, der gleichzeitig mit Sauerstoff anreichert. Er ist nicht nur stärker als ein untergetaucht betriebener Biofilter, sondern bereitet nach einem Stromausfall auch weniger Probleme. Rieselfilter steigern die Verdunstung und haben eine Kühlwirkung, was je nach den Erfordernissen eines Aquariums ein Vor- oder Nachteil sein kann.

Rieselfilter

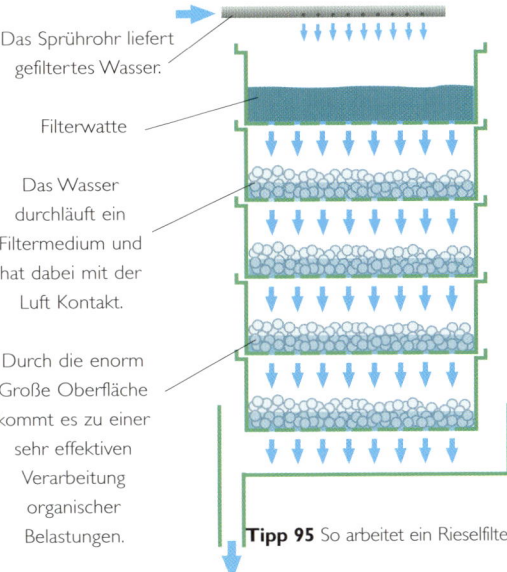

Das Sprührohr liefert gefiltertes Wasser.

Filterwatte

Das Wasser durchläuft ein Filtermedium und hat dabei mit der Luft Kontakt.

Durch die enorm Große Oberfläche kommt es zu einer sehr effektiven Verarbeitung organischer Belastungen.

Tipp 95 So arbeitet ein Rieselfilter

Wasserpflege

96 Fließbettfilter

Ein Fließbettfilter hat in einem Fischbecken eine enorme Nitrifikationsfähigkeit, reduziert aber den Sauerstoffgehalt des durchgeleiteten Wassers erheblich. Darum sollte man das auslaufende Wasser immer gut belüften, entweder durch den Einzug von Luft oder durch einen speziellen Auslauf, der das Wasser fein auf der Wasseroberfläche des Aquariums verteilt. (Beachten Sie bitte, dass Fließbettfilter und geschlossene Außenfilter für ein Riffaquarium ungeeignet sind.)

Tipp 96 Ein Fließbettfilter

97 Kugelhähne vereinfachen die Wartung

Installieren Sie an allen Anschlüssen eines Außenfilters am Fischaquarium Kugelhähne. Sie vereinfachen die Reinigungsarbeiten enorm und sorgen dafür, dass alles ohne Verschmutzungen abläuft. Auch enthalten die Schläuche nach dem Reinigen keine Luft, sofern man den Filtertopf vollständig mit Wasser gefüllt hat.

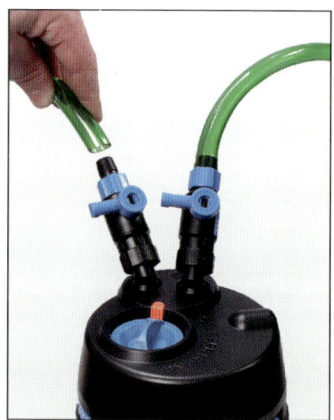

Tipp 97 Kugelhähne vereinfachen die Filterreinigung

98 Strömungserzeugung durch den Außenfilter

Befestigen Sie den Einlauf- und den Auslauf-Schlauch des Außenfilters eines Fischaquariums an entgegengesetzten Stirnseiten. Dadurch ziehen Sie das Wasser durch das gesamte Aquarium. Riffaquarien benötigen allerdings eine erheblich stärkere Wasserströmung (siehe auch Tipps 134 und 135).

99 pH-Korrektur am Ende der Einfahrphase

Meerwasser hat einen pH-Wert von rund 8,3 (korrekte Salinität und Temperatur vorausgesetzt). Am Ende der Einfahrphase kann der pH-Wert in einem Fischaquarium auf 8,0 oder darunter gesunken sein. Ein sinkender pH-Wert zeigt, dass die Wasserqualität sich vermindert hat. Führen Sie in diesem Fall einen 25-prozentigen Teilwasserwechsel aus, um den pH-Wert wieder in den Normbereich zu bringen.

Wasserpflege

100 Niedriger pH-Wert durch geringe Wasserbewegung

Schwache Wasserbewegung kann der Grund für niedrige pH-Werte sein. Fehlt die Wasserumwälzung an der Wasseroberfläche, kann sich das Wasser mit CO_2 anreichern und den pH-Wert absenken. Verstärkt man die Oberflächenbewegung des Wassers, kann das CO_2 teilweise aus dem Wasser diffundieren, so dass der pH-Wert sich wieder normalisiert. Wenn Sie an der Wasseroberfläche keine kleinen „Wellen" erkennen, dann haben Sie mit einiger Sicherheit zu wenig Wasserbewegung.

101 Niedriger pH-Wert durch schwache Belüftung

Auch eine schwache Belüftung kann den pH-Wert drücken. Befindet sich an der Wasseroberfläche eine Kahmhaut, oder ist der Gasaustausch durch eine Abdeckscheibe reduziert, dann kann sich ebenfalls CO_2 im Wasser anreichern und den pH-Wert absenken. Sogar die Anwesenheit zahlreicher Menschen in einem kleinen und schlecht belüfteten Raum kann über das ausgeatmete CO_2 zu einer messbaren pH-Senkung im Aquarium führen.

102 Wann ist die pH-Senkung durch CO_2-Anreicherung verursacht?

Ob die pH-Senkung durch eine CO_2-Anreicherung verursacht wurde, lässt sich leicht herausfinden. Messen Sie den pH-Wert im Aquarium, notieren Sie ihn, und nehmen Sie dann eine Wasserprobe. Ein halber Liter reicht aus. Bringen Sie diese Wasserprobe in ein anderes Zimmer und durchlüften Sie das Wasser gut für 12–24 Stunden. Danach messen Sie den pH-Wert der Probe. Wenn er höher liegt als die Erstmessung, dann wurde CO_2 ausgetrieben, was belegt, dass die pH-Absenkung durch eine CO_2-Anreicherung verursacht war.

103 pH-Test täglich zur gleichen Zeit durchführen

Durch verschiedene biologische Vorgänge kommt es im Riffaquarium im Laufe des Tages zu pH-Veränderungen. Morgens liegt der Wert am tiefsten, und abends, beim Abschalten der Beleuchtung, ist er am höchsten. Um den Messwert wirklich beurteilen zu können, muss man täglich zur gleichen Uhrzeit messen.

pH-Veränderungen im Laufe von 24 Stunden

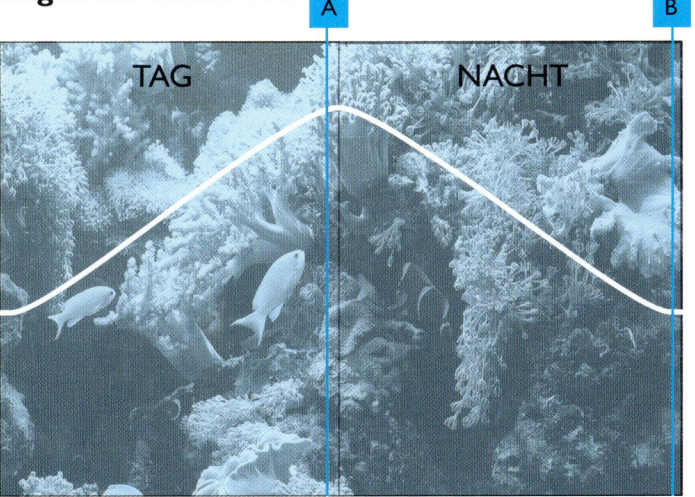

A Messen Sie abends den höchsten pH-Wert des Tages.

Tagsüber fördert die Beleuchtung die Photosynthese der Korallen und Algen. CO_2 (Kohlendioxid) wird dabei verbraucht, was den pH-Wert anhebt.

B Messen Sie morgens den niedrigsten pH-Wert des Tages.

Nachts, wenn kein Licht für die Photosynthese zur Verfügung steht, geben die Algen nur CO_2 von ihrer Atmung ab. CO_2 löst sich im Wasser und bildet Kohlensäure, die den pH-Wert senkt.

Tipp 103 Der pH-Wert im Riffaquarium verändert sich im Laufe des Tages.

Wasserpflege

104 Aktivkohle – ein hilfreiches Filtermaterial

Aktivkohle kann im Riffaquarium sehr hilfreich sein. Man kann damit die chemischen Verbindungen entfernen, die von Korallen gegen Raumkonkurrenten eingesetzt werden, und man kann gelöste Substanzen aus dem Wasser binden, die zu Verfärbungen führen. Selbst wenn man sie nicht regelmäßig verwendet, sollte man stets eine gewisse Menge bereithalten, um im Notfall eine starke Wasserverschmutzung beseitigen zu können.

105 Drei Strategien für den Aktivkohleeinsatz

Aktivkohle wird im Riffaquarium normalerweise auf dreierlei Weise eingesetzt. Man kann sie einmal monatlich für 24 Stunden verwenden, oder man kann sie permanent einsetzen und regelmäßig austauschen, beispielsweise alle 4–6 Wochen. Verwendet man sie länger, dann kann sie beginnen, als Biofilter zu arbeiten, mit dem Ergebnis, dass der Nitratwert des Wassers steigt. Zeigt Ihr Aquarienwasser Verfärbungen, dann führen Sie erst einen Teilwasserwechsel durch und filtern Sie anschließend über Aktivkohle. Bedenken Sie, dass eine plötzlich verschwindende Wasserverfärbung die Lichtmenge erhöht, die zu den Korallen gelangt, was Ausbleichungen verursachen kann.

106 Aktivkohleaustausch im Fischbecken

In einem Fischbecken sollte man die Aktivkohle regelmäßig austauschen. Lässt man die Kohle zu lange im Wasser, dann kann sie einen Teil der herausgefilterten Substanzen wieder freisetzen. Ob Aktivkohle noch aufnahmefähig ist, kann man herausfinden, indem man eine Portion in eine Probe gelbstichigen Aquarienwassers gibt. Kann sie die Verfärbung beseitigen, dann nimmt die Kohle noch Substanzen auf.

107 Keine konventionellen Filtermethoden im Riffaquarium

Konventionelle Methoden der Biofilterung sind im Riffaquarium weder ratsam noch notwendig. Ein Biofilter verwandelt Ammonium in Nitrit und Nitrit in Nitrat. An dieser Stelle endet der Prozess, was zu einer Erhöhung der Nitratkonzentration führt, meist gefolgt von zunehmendem Algenwuchs. Vergessen Sie den Begriff „Filterung" und denken Sie mehr in der Kategorie „Wasserbehandlung". Das Wesentliche, das für ein Riffaquarium nötig ist, sind Licht und Wasserbewegung, entsprechend den Bedürfnissen der gepflegten Tiere. Lebendgestein, Schlammfilter oder Tiefsandbett sind ein besserer Weg als ein Biofilter, den Nitrifikationskreislauf zu schließen.

Natürlicher Stickstoffkreislauf

Denitrifikationsbakterien reduzieren Nitrat zu Stickstoffgas.

Fische verdauen und metabolisieren Proteine und scheiden Ammonium aus.

Nitrit wird durch Nitrifikationsbakterien in Nitrat verwandelt.

Ammonium wird durch Nitrifikationsbakterien in Nitrit verwandelt.

108 Lebendgestein sorgt für den Reifungsvorgang

Wenn man die Beckeneinrichtung mit Lebendgestein erstellt, muss man sich um die Reifung des Riffaquariums nicht sorgen, denn die Kleinorganismen im Lebendgestein stellen sicher, dass dieser Vorgang optimal abläuft.

Wasserpflege

109 Die Berlin-Methode

Die als „Berlin-Methode" bezeichnete Technik setzt auf den Abschäumer und die Aktivitäten der Bakterien im Lebendgestein, die Nitrat erzeugen und auch wieder weiterverarbeiten. Diese Methode ist weitaus natürlicher als ein künstlicher biologischer Filter.

Tipp 110 Ein Tiefsandbettfilter

Die erste Kammer neutralisiert die Turbulenz des einfließenden Wassers.
Wasser wird zurück in das Aquarium gepumpt.
Sandbett mit feinem Sand, 10–15 cm hoch

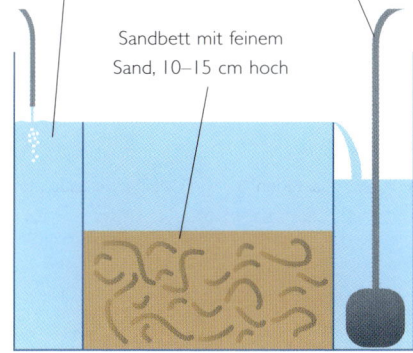

Biobälle neutralisieren die Turbulenz des einfließenden Wassers.
Biobälle halten Algenstückchen zurück.
Wasser wird zurück in das Aquarium gepumpt.
Leuchtstofflampen beleuchten die Algen.

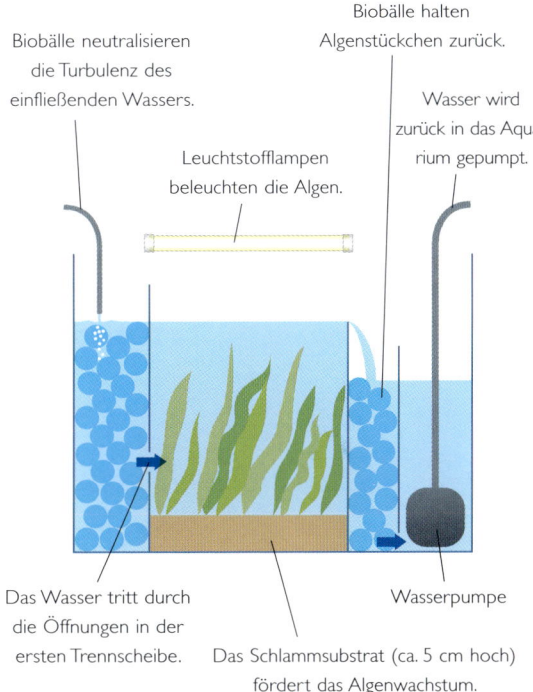

Das Wasser tritt durch die Öffnungen in der ersten Trennscheibe.
Das Schlammsubstrat (ca. 5 cm hoch) fördert das Algenwachstum.
Wasserpumpe

Tipp 111 Ein Schlammfilter

110 Wie funktioniert ein Tiefsandbett-Filter?

Die Philosophie hinter einem Tiefsandbettfilter-System ähnelt jener der Berlin-Methode, doch der Schwerpunkt liegt hier auf den Vorgängen im Bodengrund. Die Schicht soll mindestens 10 cm hoch sein. Tatsächlich ist die Fläche, die hierfür in einer ausreichend hohen Bodenschicht zur Verfügung steht, erheblich größer als jene im Lebendgestein, was es ermöglicht, die Menge an verwendetem Lebendgestein erheblich zu reduzieren. Dazu muss ein Tiefsandbettfilter aber dicht mit Kleinlebewesen bevölkert sein, wie winzigen Crustaceen oder Würmern, und eine normale Meiofauna (bodenlebende Organismen zwischen 0,5 und 1 mm Größe) aus Mikroben im Sand haben. Das lässt sich leicht erreichen, indem man einen halben Liter Bodengrund aus einem etablierten Riffaquarium einbringt.

111 Der Schlammfilter

Der Schlammfilter ist ein natürliches System für Riffaquarien, das mit einem feinen Substrat arbeitet und 24 Stunden lang beleuchtet wird, damit die eingebrachten Algen maximales Wachstum erzeugen. Abschäumer oder Aktivkohle für die Wasserreinigung sind nicht erforderlich. Durch die Photosynthese der Algen wird das Wasser gut mit Sauerstoff angereichert, und durch die 24-stündige Beleuchtung kann die nächtliche Photosynthese der Algen auch den pH-Wert stabilisieren. Diese Methode verwertet die Abfallprodukte der Fische und setzt sie um in pflanzliches Gewebe, wodurch die Anreicherung von Phosphat und Nitrat verhindert wird. Die Algen im Schlammfilter wiederum bremsen durch ihre Nährstoffkonkurrenz das Wachstum von Fadenalgen im Aquarium. Sie können dann abgeerntet werden, um Nährstoffe zu exportieren.

Wasserpflege

112 Wählen Sie einen hochwertigen Abschäumer

Die Effektivität eines Abschäumers hängt wesentlich von der Zeitspanne ab, in der das Wasser mit den feinen Luftblasen Kontakt hat, die in der Reaktionskammer erzeugt werden. Je länger der Weg ist, den das Wasser in der Kammer zurücklegt, umso besser. Vergleichen Sie darum verschiedene Abschäumer-Konstruktionen, bevor Sie sich zum Kauf entscheiden. Billige Geräte haben möglicherweise nur eine kurze Kontaktzeit.

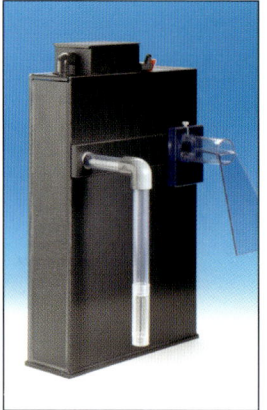

Tipp 112 Abschäumer, für ein Riffaquarium geeignet

113 Abschäumer sollten konzentrierten Schaum produzieren

Stellen Sie die Leistung des Abschäumers so ein, dass konzentrierter Schaum produziert wird. Große Mengen wasserreichen Schaumes sind lediglich Verschwendung von Aquarienwasser. Die produzierte Schaummenge hängt ab von der Wasserbelastung durch Futtermittel, Pflegeprodukte und den Besatz. Beginnt ein Abschäumer plötzlich mit einer extrem starken Schaumproduktion, dann steckt dahinter immer eine zusätzliche Wasserbelastung, etwa durch Überfütterung oder tote Tiere, die sich auflösen. Unbedingt prüfen!

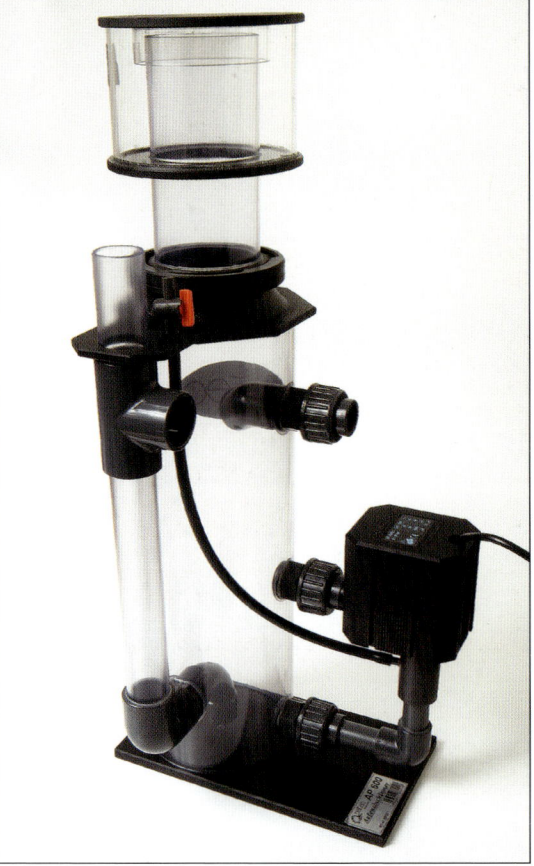

Tipp 114 Ein Abschäumer, der für ein Filterbecken geeignet ist

114 Wie funktioniert ein Abschäumer?

Im Abschäumer lagern sich organische Moleküle, beispielsweise jene aus den Abfallprodukten der Fische, an Luftblasen an. In der Reaktionskammer kommt das Aquarienwasser in Kontakt mit den Luftblasen, und der sich bildende Schaum wird durch aufsteigende Luftblasen in den Schaumtopf befördert. Dort zerplatzen die Schaumblasen, so dass eine grünlich gelbe Flüssigkeit entsteht. Das Aquarienwasser, das in den Abschäumer gelangt, sollte möglichst aus dem Oberflächenbereich stammen.

Wasserpflege

Tipp 118 Für besten Korallenwuchs sollte der Nitratgehalt nicht weit über null liegen.

115 Lassen Sie kein Ozon in die Atmosphäre entweichen

In einem Fischbecken führt man Ozon am sichersten im Abschäumer zu, so dass es nicht in direkten Kontakt mit dem Aquarium und seinen Bewohnern kommt. Um zu verhindern, dass es in die Zimmerluft entweicht, sollte man eine kleine Aktivkohlepatrone auf dem Luftauslass des Schaumtopfes installieren.

116 Verwenden Sie ein Ozongerät passender Größe

Ozon ist für die Tiere im Aquarium gefährlich und auch für Sie und Ihre Familie. Darum sollten Sie niemals ein Ozongerät installieren, das die für Ihr Aquarium notwendige Kapazität übersteigt. Im Idealfall sollte die Maximalleistung für die Beckengröße gerade ausreichend sein.

117 Verwenden Sie ozonfeste Materialien

Ozon ist dafür bekannt, dass es verschiedene aquaristisch verwendete Materialien zerstört, z. B. Gummiteile und Luftschläuche. Leiten Sie Ozon niemals durch herkömmliche Luftschläuche, sie werden zersetzt. Setzen Sie nur ozonfeste Materialien ein.

118 Wie viel Nitrat ist zu viel?

Diese Frage wird oft diskutiert. Viele Fische tolerieren bis zu 40 mg/l, wenn sie sich langsam daran gewöhnen können. Für Korallenriffbecken wird allerdings generell eine möglichst geringe Nitratkonzentration angestrebt, die unterhalb von 1 mg/l liegen sollte, was ohne großen Aufwand erreichbar ist.

119 Warum muss der Nitratgehalt begrenzt werden?

Die Forderung nach niedrigen Nitratwerten hat zwei Hauptgründe. Einerseits fungiert Nitrat als Algendünger, der unerwünschte Algenplagen auslösen kann, die schließlich die Korallen schädigen und durch ihre chemischen Kampfstoffe zurückdrängen können. Eine der wichtigsten Ursachen dafür, dass Aquarianer das Hobby aufgeben, ist wohl der aussichtslose Kampf gegen Algen. Andererseits kann ein hoher Nitratgehalt die Kalkbildung der Korallen hemmen, was ihr Wachstum verringert. Einige Korallen und Muscheln können jedoch Nitrat direkt als Nährstoff aufnehmen.

Wasserpflege

120 Spezifisches Gewicht und Salinität – ist das dasselbe?

Die Begriffe spezifisches Gewicht und Salinität können Verwirrung stiften. In der Meeresaquaristik misst man normalerweise das spezifische Gewicht, wodurch man Information über die Dichte gelöster Salze im Wasser bekommt. Leider verschiebt sich die Beziehung zwischen spezifischem Gewicht und Salzgehalt aber in Abhängigkeit von der Wassertemperatur. Das bedeutet, dass man bei einer Wasserprobe ein unterschiedliches spezifisches Gewicht registrieren würde, wenn man die Messung bei verschiedenen Temperaturen durchführte. Die Salinität sagt aus, wie viel Salz im Wasser gelöst ist, meist ausgedrückt als ppt (parts per thousand). Das entspricht der Angabe g/l (Gramm pro Liter), einem praxisnäheren Ausdruck für den Salzgehalt.

122 Welchen Salzgehalt soll das Aquarium haben?

In einem Riffaquarium sollte man immer den natürlichen Salzgehalt anstreben, der bei 35 ppt liegt (35 g Salz auf einen Liter Wasser). Fische und Korallen haben sich während ihrer Entwicklung an diesen Salzgehalt angepasst. Außerdem funktionieren verschiedene Messlösungen nicht korrekt, wenn sie bei unnatürlichem Salzgehalt eingesetzt werden. Eine geringere Salzkonzentration sollte man nur zu Behandlungszwecken verwenden.

123 Was ist ein Refraktometer?

Das Refraktometer ist ein besseres und etwas teureres Instrument, um den Salzgehalt zu messen. Es ist leicht anzuwenden und hat eine automatische Temperaturkompensation. Man kann es leicht selbst eichen, und die Salinität lässt sich einfach in ppt ablesen. Refraktometer sind optische Instrumente. Sie verwenden ein Prisma, um den Lichtbrechungsindex einer Flüssigkeit zu messen. Wenn ein Lichtstrahl in das Wasser eindringt, wird er gebrochen, also abgelenkt, und diese Abweichung verhält sich proportional zur Menge des darin gelösten Salzes. Zur Messung bringt man einige Tropfen Wasser auf das Prisma, deckt sie mit der transparenten Abdeckklappe ab und blickt in das Schauglas, um den Wert abzulesen. Unten befindet sich die Null-Linie. Mit Osmosewasser kann man die Eichung durchführen, indem man den Messwert auf Null einstellt.

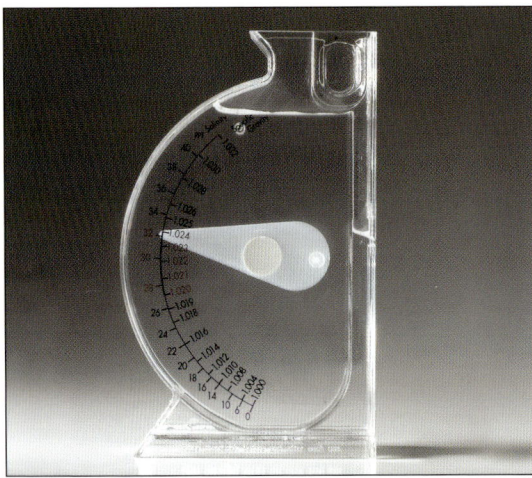

Tipp 121 Ein Schwingarm-Aräometer misst das spezifische Gewicht.

121 Was misst man mit einem Schwingarm-Hydrometer?

Hydrometer messen die Salzkonzentration im Wasser in Form des spezifischen Gewichtes. Es ist allerdings für die Messung in einem sehr engen Temperaturbereich ausgelegt, der bei der Messung auch eingehalten werden muss.

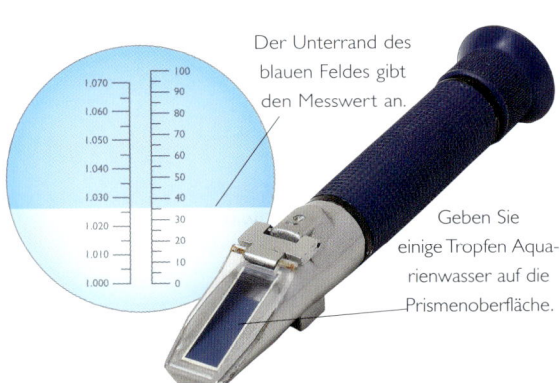

Der Unterrand des blauen Feldes gibt den Messwert an.

Geben Sie einige Tropfen Aquarienwasser auf die Prismenoberfläche.

Wasserpflege

124 Leitfähigkeits-Messgeräte

Leitfähigkeits-Messgeräte sind noch präziser, kosten aber erheblich mehr Geld. Sie messen in Mikrosiemens (mS), was die Umrechnung in ppt oder das spezifische Gewicht mit Hilfe einer Tabelle nötig macht. 53 mS entsprechen 35 ppt, dem natürlichen Salzgehalt. Das lässt sich leicht merken, weil es die gleichen Ziffern sind. Leitfähigkeits-Messgeräte lassen sich eichen und kompensieren Temperaturunterschiede automatisch.

Tipp 122 Die Salinität natürlichen Meerwassers liegt bei 35 ppt.

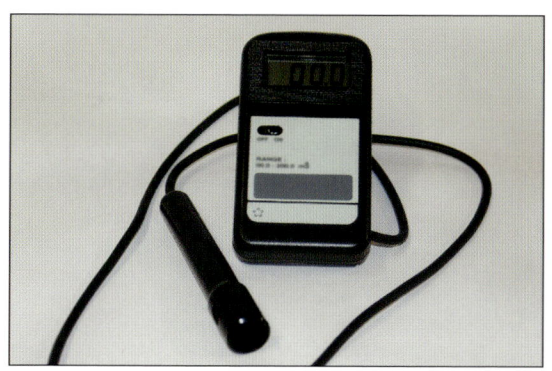

Tipp 124 Ein Leitwert-Messgerät zeigt genaue Werte an.

125 Pflegen Sie Ihre Messgeräte

Im Laufe der Zeit wird jedes Salinitäts-Messgerät ungenau, wenn es nicht gepflegt oder unsachgemäß eingesetzt wird. Um beispielsweise ein Schwingarm-Hydrometer zu pflegen, muss man es gelegentlich mit Essig füllen und über Nacht stehen lassen, damit Salzkrusten und Kalkablagerungen entfernt werden. Anschließend wird es gründlich mit Osmosewasser gespült. Refraktometer und Leitfähigkeits-Messgeräte sollten regelmäßig nach Angaben des Herstellers geeicht werden.

126 Wasser für den Teilwasserwechsel vorbereiten

Zunächst füllen Sie einen Behälter aus lebensmittelechtem Material mit Osmosewasser. Nach 15 Minuten schalten Sie den (vollständig eingetauchten) Regelheizer ein und bewegen das Wasser durch eine Luftumwälzung oder eine Pumpe. Sobald das Wasser 25 °C erreicht hat, fügen Sie pro Liter 35 g Meersalz hinzu, also 350 g auf 10 l Wasser. Diese Lösung lassen Sie vor dem Gebrauch 24 Stunden stehen. Am nächsten Tag entfernen Sie dann den Regelheizer, nachdem Sie den Stecker gezogen haben, um es abkühlen zu lassen.

127 Halten Sie das Meerwasser sauber

Riskieren Sie keine Verschmutzung des frisch angemischten Wassers. Verwenden Sie nur ein Gefäß aus lebensmittelechtem Material. Behälter zur Weinherstellung sind beispielsweise ideal. Oft wird die Lebensmittelechtheit des Materials an solchen Behältern durch Symbole wie ein Weinglas und eine Gabel signalisiert.

Wasserpflege

128 Meersalz luftdicht aufbewahren

Meersalzmischungen sind stark hygroskopisch, was nichts anderes bedeutet, als dass sie Wasser aus der Luft ziehen. Bei solchem Salz können Sie die nötige Menge nicht mehr anhand des Gewichtes abschätzen, weil Sie die aufgenommene Feuchtigkeit mitwiegen. Darum sollten Sie Ihr Meersalz immer in einem luftdicht verschlossenen Behälter aufbewahren.

129 Salzgehalt regelmäßig kontrollieren

Kontrollieren Sie den Salzgehalt Ihres Aquariums zu Beginn alle paar Tage. Es wird sich eine gewisse Verdunstung entwickeln, deren Stärke von verschiedenen Faktoren abhängt, wie Umgebungstemperatur, offene oder geschlossene Bauweise, Beleuchtungstyp etc. Auch wird die Verdunstung im Sommer höher sein als im Winter, und beim Einsatz von Halogenmetalldampflampen höher als bei der Verwendung von Leuchtstofflampen.

130 Salzgehalt stabil halten

Wenn Sie an der Stelle, an der sich die Wasseroberfläche Ihres Aquariums befinden soll, auf der Glasscheibe eine Strichmarkierung anbringen, dann bekommen Sie einen Eindruck davon, ob Wasser nachgefüllt werden muss. Wenn Sie ein Filterbecken einsetzen, dann zehrt allerdings die Verdunstung nur aus diesem Becken, so dass die Wasserstandsmarkierung hier angebracht werden muss. Der Höchststand, den Sie hier tolerieren können, hängt davon ab, wie viel Wasser im Falle eines Stromausfalls noch zusätzlich vom Aquarium hinunterfließt. Wenn hierbei ein Fehler gemacht wird, dann gibt es früher oder später einen nassen Teppich. Automatische Nachfüllanlagen sind heute so preiswert, dass es sehr ratsam ist, ein solches Gerät zu installieren, um den Salzgehalt im Aquarium stabil zu halten.

131 Merken Sie sich die Salzmenge für den Teilwasserwechsel

Nach den ersten Teilwasserwechseln bekommen Sie ein Gefühl für die benötigte Salzmenge. Markieren Sie die erforderliche Wassermenge am Gefäß und wiegen Sie die Salzmenge ab. Das erleichtert den Teilwasserwechsel.

Automatisches Nachfüllsystem

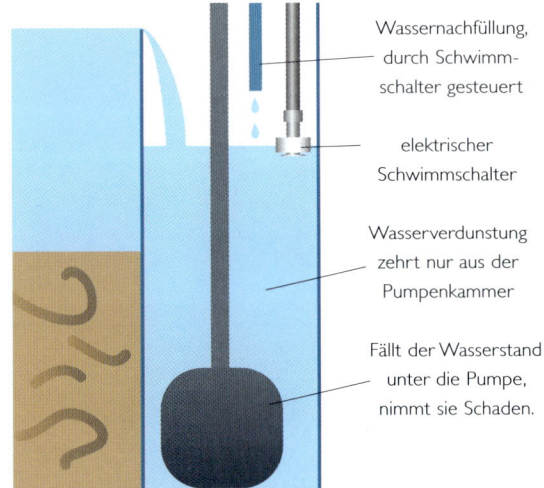

Wassernachfüllung, durch Schwimmschalter gesteuert

elektrischer Schwimmschalter

Wasserverdunstung zehrt nur aus der Pumpenkammer

Fällt der Wasserstand unter die Pumpe, nimmt sie Schaden.

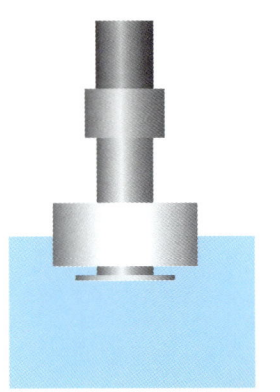

Sinkt der Wasserstand, fällt der Schwimmer und schaltet die Pumpe ein.

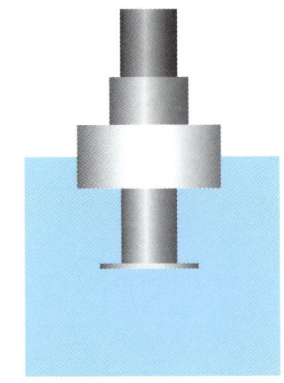

Steigt der Wasserstand, geht der Schwimmer nach oben und schaltet die Pumpe aus.

Wasserpflege

132 Verdunstung mit Reinwasser ersetzen

Zum Ersetzen des verdunsteten Wassers nur Süßwasser verwenden und dieses immer vor einer Strömungspumpe zugeben, niemals an einer Stelle, an der Wirbellose damit in direkten Kontakt kommen können. Durch die Verdunstung verliert das Aquariensystem nur reines Wasser. Würde man zum Nachfüllen Salzwasser verwenden, würde der Salzgehalt langsam ansteigen, woran die gesamten Aquarienbewohner zugrunde gehen würden.

133 Wasserqualität kontrollieren

Wenn das Riffaquarium in Betrieb ist und zahlreiche Korallen sich im Aquarium befinden, müssen verschiedene Wasserparameter überwacht werden. Das Wichtigste sind Calcium (Ca in mg/l) und Karbonathärte (in °dKH). Dadurch erhält man einen Eindruck von der Menge an Calcium und Karbonaten, die von den Korallen aufgenommen wurden, so dass man weiß, wie viel nachdosiert werden muss. Weiterhin müssen Nitrat- und Phosphatwert überwacht werden, weil diese Substanzen als Dünger wirken und das Wachstum unerwünschter Algen fördern könnten. Ein hoher Phosphatwert kann darüber hinaus die Kalkbildung der Korallen hemmen.

134 Welche Wasserumwälzung im Riffaquarium?

Wasserbewegung ist im Riffaquarium von großer Bedeutung. Obgleich es möglich ist, die umgewälzte Wassermenge zu messen (das gesamte Beckenvolumen pro Stunde zwölf- bis zwanzigmal umwälzen), ist dieser Wert nicht das allein Entscheidende. Wichtig sind auch veränderliche Wasserströmungsmuster. Ideal wäre eine Strömung, die das Wasser für einige Zeit in eine Beckenrichtung zieht, um sich dann umzukehren.

135 Abwechslungsreiche Strömungsmuster

Alle Oberflächen im Aquarium – Steine oder Korallen – besitzen eine Grenzschicht, in der sich Wasser befindet, das aber nicht fortwährend mit dem freien Wasserkörper in Verbindung steht. Nur dadurch können sich Biofilme aus Bakterien oder Algen bilden. Die Strömung im freien Wasserkörper hat auf diese Grenzschichten nur wenig Einfluss, es sei denn, man würde den Auswurfstrahl eine Pumpe direkt auf eine solche Oberfläche richten. Durch abwechslungsreiche Strömungsmuster kann diese Grenzflächenbildung aber gestört oder sogar ganz verhindert werden.

Tipp 135 Wasserströmung im Aquarium hilft, die Bildung einer Kahmhaut zu verhindern.

37

Fischkauf

136 Kauf nachgezogener Aquarienfische

Die Zahl der züchtbaren Korallenfischarten erhöht sich fortwährend, so dass es inzwischen ein Zeichen verantwortungsvoller Aquaristik ist, nachgezogene Fische zu kaufen, statt mit dem Kauf von Wildfängen die Entnahmen in der Natur zu unterstützen. Darüber hinaus sind Nachzuchtfische bereits an künstliches Meersalz und Ersatzfutter gewöhnt, und die Wahrscheinlichkeit, dass sie gesund sind, ist ungleich größer als bei Wildfängen. Sie lassen sich meist erheblich erfolgreicher halten.

Tipp 136 Viele Clownfische sind Nachzuchten.

137 Preisunterschiede zwischen Korallenfischen

Der Preis ist nicht alles. Viele Faktoren beeinflussen den Verkaufspreis eines Korallenfisches, vom Moment des Fanges bis zum Verkauf beim Einzelhändler. Exemplare, die man von einem Einzelhändler kauft, sind in der Regel teurer als jene, die von einem Großhändler erworben wurden. Das liegt zum Teil daran, dass der Einzelhändler seine Tiere nach Färbung, Gesundheit und Vitalität aussuchen kann, was einen höheren Verkaufspreis auch rechtfertigt.

138 Zwei Clownfische, ein Populärname

Amphiprion ocellaris und *A. percula* werden oft unter demselben Populärnamen angeboten, entweder beide als „*Percula*" oder beide als „*Ocellaris*". Manche Experten halten tatsächlich beide für dieselbe Art, zumal sie beide gern in die gleichen Wirtsanemonenarten gehen (*Heteractis magnifica* und *Stichodactyla* spp.). Man mag vielleicht anführen, dass diese Frage für den Aquarianer unwichtig sei, doch immerhin lässt sich sagen, dass nach Erfahrung vieler Spezialisten *A. ocellaris* deutlich unempfindlicher ist als *A. percula*.

139 Halten Sie Ihren Kenntnisstand aktuell

Unterschiedliche Meinungen einzuholen, kann oft sinnvoll sein, aber vertrauen Sie nicht auf veraltetes Wissen. Viele Bücher über die Meerwasseraquaristik berücksichtigen nicht die neuesten Erkenntnisse. Fortschritte in Wasserpflege, Ernährung, Haltung oder Transport haben viele Arten, die einst nicht aquarienhaltbar waren, zu robusten Aquarienbewohnern gemacht. Wenn Sie in einem Fall unschlüssig sind, befragen Sie sicherheitshalber weitere Fachhändler.

Fischkauf

140 Fische gezielt bestellen

Mehr und mehr Exportstationen beginnen, nach einem System zu arbeiten, in dem der Einzelhändler bestimmte Fische bestellt, die dann gezielt gefangen werden. Das bedeutet, dass die Fische nicht beim Exporteur „gelagert" werden, der dann versuchen muss, sie zu verkaufen. Dadurch werden weniger Fische gefangen, was natürliche Bestände schont. Auch sind diese Tiere in den Händlerbecken meist gesünder, weil sie nicht lange Zeit in den Hälterungsbecken der Exporteure aushalten mussten.

141 Korallenfische werden sehr alt

Viele Korallenfische können sehr alt werden. Clownfische können über zwölf Jahre lang leben, und einige Kaiserfische sind im Aquarium schon länger als 20 Jahre gehalten worden. Darum sollte man sich die Entscheidung, welche Fische man in das Aquarium setzt, nicht zu leicht machen, weil diese Tiere für viele Jahre im Wohnzimmer die Lebensgefährten sein werden.

142 Lernen Sie die wissenschaftlichen Namen

Wenn Sie über einen bestimmten Fisch Fragen an einen Händler oder einen anderen Aquarianer stellen möchten, ist es sehr sinnvoll, sich der wissenschaftlichen, lateinischen bzw. latinisierten Namen zu bedienen, um Verwechslungen zu vermeiden. Viele Arten haben zahlreiche Populärnamen, aber es gilt immer nur einen einziger wissenschaftlicher Name. Das Erlernen der wissenschaftlichen Namen mag mühsam sein, aber es lohnt sich.

143 Fischarten sind nicht überall auf der Welt gleich

Zwei Fische derselben Art können durchaus Unterschiede aufweisen. Einer ist vielleicht robust und gut zu halten, während der andere empfindlich ist und stirbt. Der schöne Flammenzwergkaiser (*Centropyge loriculus*) ist dafür ein Beispiel. Manche Exemplare sind kräftiger gefärbt und wirken vitaler als andere. Bei näherer Nachfrage stellt sich meist heraus, dass die besser wirkenden Exemplare aus Hawaii kommen, die anderen von den Philippinen. Allerdings vermuten manche Experten, dass die Farbunterschiede nicht nur auf eine geografische Variation zurückgehen. Die Fische in Hawaii werden meist mit fortschrittlichen, verbesserten Techniken gefangen und gehältert. Darum muss man sich seine Aquarientiere mit großer Sorgfalt aussuchen.

Tipp 143 Der Flammen-Zwergkaiser (*Centropyge loriculus*) macht seinem Namen alle Ehre.

Fischkauf

144 Kaufen Sie Fische nicht direkt nach dem Import

Korallenfische brauchen nach dem Import eine gewisse Zeit, um sich vom Transport zu erholen. Sie haben sicher unter dem Stress des Exportes gelitten und zeigen Folgen des Nahrungsmangels. Auch wenn man ungeduldig ist, den Fisch in das eigene Aquarium zu setzen, sollte man ihn so lange beim Händler lassen, bis er sich eingewöhnt hat und auch in besserem Ernährungszustand ist.

145 Kaufen Sie Fische nicht in der Hauptgeschäftszeit

Wenn Sie sich für einen bestimmten Fachhändler entschieden haben, besuchen Sie ihn möglichst außerhalb der Hauptgeschäftszeit. Sie werden feststellen, dass er dann erheblich mehr Zeit für direkte Gespräche hat und sich Ihren Fragen eingehender widmen kann. Allerdings muss man sich immer vor Augen halten, dass ein Fachhändler davon lebt, Tiere mit Gewinn zu verkaufen und nicht kostenlosen Rat zu geben, obgleich die Beratung für die Zufriedenheit der Kunden sehr wichtig ist.

146 Zeigen Sie dem Händler Ihre Wunschliste

Schon lange vor dem ersten Kauf von Aquarienfischen sollten Sie eine Wunschliste anfertigen. Zeigen Sie diese Liste einem erfahrenen Fachhändler, damit Sie mit Hilfe seiner Erfahrung territoriale Aggression und Territorialverhalten generell minimieren können. Sie können auch die Fische bei ihm bestellen und dabei mit den robustesten Arten beginnen, um sich später die empfindlicheren oder territorialeren besorgen zu lassen. Ein guter Fachhändler kann Ihnen im Zweifelsfall auch bessere Alternativ-Arten empfehlen.

147 Woran erkennt man gesunde Fische?

Eines der wichtigsten Zeichen für Gesundheit ist die Atemfrequenz. Fische pumpen Wasser durch ihre Kiemen, um ihm Sauerstoff zu entziehen. Die Frequenz, mit der sich die Kiemendeckel heben und senken, kann einen guten Eindruck von ihrem Gesundheitszustand vermitteln. Kranke Fische atmen meist erheblich schneller, und ein solches Exemplar sollte man nicht wählen.

Tipp 145 Beobachten Sie die Fische genau, die Sie kaufen möchten, und fragen Sie im Zweifelsfall Ihren Fachhändler.

Fischkauf

Die Flossen der Korallenfische

Rückenflosse
„Kiel" des Fisches, der seine Lage stabilisiert

Kiemenflosse (paarig)
Viele Fische steuern damit und ändern ihre Richtung.

Schwanzflosse (Schwanz)
Die meisten Fische bewegen sich vorwärts, indem sie diese Flosse abwechselnd zu beiden Seiten bewegen.

Brustflosse (paarig)
Hilft dem Fisch, seine Position zu verändern

Afterflosse
Die Afterflosse hilft, die Lage zu stabilisieren.

148 Nicht alle Fische haben Brustflossen

Schauen Sie sich die Fische im Händlerbecken vor der Kaufentscheidung genau an. Wundern Sie sich nicht über das Fehlen von Brustflossen, denn manche Drücker, Feilenfische oder Kugelfischarten besitzen keine.

149 Viele Fische schwimmen mit zusammengefalteten Flossen

Tropische Süßwasserfische schwimmen, wenn sie krank sind, mit zusammengefalteten Flossen („Flossenklemmen"). Lassen Sie sich dadurch bei Korallenfischen nicht prinzipiell vom Kauf abhalten, denn das ist im Meerwasser bei vielen Arten normal.

Tipp 149 Manche Fische schwimmen mit zusammengefalteten Flossen.

150 Lassen Sie sich nicht von Flossenschäden abschrecken

Meerwasserfische besitzen ein enormes Potenzial, Flossenverletzungen auszuheilen. Kleinere Risse in der Flossenhaut sollten daher nicht unbedingt verunsichern oder vom Kauf abhalten. Vorausgesetzt, das betreffende Exemplar ist gesund und wird auch artgerecht gehalten, regenerieren sich solche Flossen meist innerhalb weniger Tage. Im Zweifelsfall lassen Sie sich den Fisch einfach für ein paar Tage reservieren und beobachten Sie die Ausheilung im Händlerbecken.

151 Farbschwache Fische

Fische, die lange im Verkaufsbecken gelebt haben, bekommen manchmal eine abgeschwächte Körperfärbung. Das kann daran liegen, dass ein Verkaufsbecken nicht so eingerichtet ist wie ein herkömmliches Aquarium. Haben Sie keine Hemmungen, solche Fische zu kaufen, denn wenn sie bereits lange im Händlerbecken leben, sind sie mit großer Sicherheit gesund und gut eingewöhnt. Nach dem Übersiedeln in Ihr Aquarium werden sie wahrscheinlich schnell ihre prächtige Normalfärbung entwickeln.

Fischkauf

152 Futterfeste Fische kaufen

Es sollte einen Fachhändler nicht stören, wenn Sie vor dem Kauf prüfen möchten, ob der Fisch frisst. Geht ein Fisch im Händlerbecken nicht an die Nahrung, dann ist kaum damit zu rechnen, dass er es daheim im Aquarium problemlos tut.

153 Vertrauen Sie Ihrem Kopf, nicht dem Herzen

Lassen Sie Ihre Kaufentscheidung niemals allein von der Schönheit eines Fisches oder seinem Seltenheitswert beeinflussen. Der Wunsch, einen bestimmten Fisch zu besitzen, verleitet leicht dazu, die übliche Gründlichkeit und Sorgfalt bei der Auswahl gesunder Tiere zu vernachlässigen. Gibt es Zweifel an der Gesundheit eines bestimmten Fisches, ist es besser, ihn beim Händler zu lassen und zu einem späteren Zeitpunkt noch einmal zu betrachten. Zwar kann es sein, dass er zwischenzeitlich verkauft wird, aber das Risiko muss man eingehen. Das ist besser, als seinen gesamten Fischbestand zu Hause zu riskieren.

154 Lassen Sie Platz für Neuzugänge

Versuchen Sie nicht, Ihr Aquarium in kurzer Zeit voll zu besetzen. Viele Fische tauchen im Handel nur saisonal auf, und für manche ist die Fangperiode sehr kurz. Es ist unangenehm, einen Fisch, in den man ganz vernarrt ist, nicht kaufen zu können, weil das Aquarium bereits voll besetzt ist.

155 Wie viele Fische in das Aquarium?

Als Faustregel für den Besatz eines Riffaquariums kann man 2,5 cm Fischlänge pro 25 l Aquarienwasser ansehen. Für ein Fischbecken gilt der doppelte Wert (2,5 cm Körperlänge auf 12,5 l Aquarienwasser). Bleiben Sie in Ihren ersten Jahren in diesem Hobby bei diesen Werten. Zwar ist es immer schwierig, Grenzwerte anzugeben, weil kein Aquarium wirklich dem anderen gleicht, aber wenn man sich in den ersten Jahren, während das Aquarium langsam reift, an diese Obergrenzen hält, ist die Wahrscheinlichkeit auf Erfolg größer.

Tipp 156 Vermeiden Sie, ein Meeresaquarium zu dicht mit Fischen zu besetzen.

Fischkauf

Tipp 158 Prachtschläfergrundel (*Nemateleotris magnificus*)

156 Lassen Sie sich nicht mitreißen

Als Einsteiger in diesem Hobby wird man leicht dazu verleitet, sein Aquarium übermäßig stark zu besetzen, in dem Bestreben, einen möglichst schönen Fischbesatz zusammen zu bekommen. Haben Sie Geduld! Selbstbeschränkung fällt nicht leicht, ist aber notwendig. Versuchen Sie nicht, gleich einen kompletten Besatz einzubringen, sondern bauen Sie diesen langsam auf, nicht innerhalb von Wochen, sondern von Monaten. Berücksichtigen Sie auch, dass die Fische noch wachsen. Halten Sie die Faustregeln für den Maximalbesatz ein. Ein 15 cm großer Igelfisch belastet das Aquarium beispielsweise erheblich stärker als ein 5 cm langer Riffbarsch.

157 Nützliche Fische für das Riffbecken

Es ist sehr sinnvoll, Fische ins Riffaquarium einzusetzen, die eine bestimmte Aufgabe erfüllen und dadurch mehr Nutzen als Belastung bringen, im Gegensatz zu Fischen, die nur organische Belastung produzieren, aber keinen Nutzeffekt haben. Ein gutes Beispiel dafür ist der Gelbe Hawaii-Seebader (*Zebrasoma flavescens*), der Algen frisst und viel dazu beitragen kann, die Ausbreitung von Fadenalgen zu verhindern. Ihn gemeinsam mit einem Borstenzähner der Gattung *Ctenochaetus* einzusetzen, wird von vielen Experten als sehr sinnvolle Kombination angesehen.

158 Riffbecken mit korallenfreundlichen Fischen besetzen

Wenn Sie Ihr Riffaquarium einrichten, beginnen Sie mit Fischen, deren Größe den Proportionen des Beckens angepasst ist. Halten Sie sich an klein bleibende, leicht haltbare und korallenfreundliche Fische, wenigstens während des ersten Jahres. Am besten wählen Sie kleine planktivore und herbivore Fische, und vermeiden Sie all jene, die Aquariengenossen gelegentlich als Mahlzeit betrachten.

159 Schwarmhaltung

Wo immer möglich, sollten Sie Fische in natürlichen Gruppenverbänden halten. Wegen der räumlichen Beschränktheit des Aquariums ist das natürlich nur begrenzt möglich, aber man sollte jene Fische wählen, die in dem Aquarium der gegebenen Größe auch als Gruppe gehalten werden können.

Tipp 159 Palettendoktorfische (*Paracanthurus hepatus*)

Fischkauf

160 Nicht alle Clownfische gehen in Symbioseanemonen

Nicht jeder Clownfisch geht auch in eine Wirtsanemone. Vor allem bei den Arten *Amphiprion melanopus, A. frenatus* und *Premnas biaculeatus* ist das zu beobachten. Der Grund für diese Verhaltensänderung liegt wahrscheinlich in der Tatsache, dass mehr und mehr Clownfische aus künstlicher Nachzucht in den Handel gelangen (siehe auch Tipp 328).

Tipp 160 *Amphiprion frenatus*, ein pflegeleichter Clownfisch

161 Andere Partnerschaften im Aquarium

Viele Aquarianer halten Clownfische (*Amphiprion*-Arten) mit Wirtsanemonen, doch das ist nicht die einzige Symbiose, die im Aquarium gepflegt werden kann. Symbiosegrundeln (*Amblyeleotris* spp. und *Cryptocentrus* spp.) beispielsweise leben oft mit Knallkrebsen der Familie Alpheidae zusammen in der gleichen Wohnhöhle.

162 Adultgröße beachten

Bedenken Sie, dass jedes Lebewesen in der Natur Bestandteil einer Nahrungskette ist. Große Fische fressen kleinere. Informieren Sie sich daher vor einem Kauf über die Adultgröße der Fische. Fast alle Fische in den Verkaufsaquarien der Fachhändler sind Jungtiere, die noch beträchtlich wachsen.

163 Als Adulttier weniger attraktiv

Der Paddelbarsch (*Chromileptis altivelis*) ist ein sehr attraktiver Fisch, besonders als Jungtier. Lassen Sie sich aber nicht durch die Größe der vielleicht 5 cm großen Exemplare in Verkaufsaquarien täuschen! Er wächst im Aquarium rasch auf 25 cm und mehr heran (in der Natur bis 70 cm!) und braucht darum ein Aquarium mit der passenden Größe. Und da es sich bei ihm um ein Raubtier handelt, wird er kleinere Fische fressen.

Tipp 163 Paddelbarsch (*Chromileptis altivelis*)

Fischkauf

164 Manche Fischarten sind zu groß

Manche Korallenfischarten werden für die Aquarienhaltung einfach zu groß. Darum sollten Sie sicherstellen, dass Sie genau wissen, welche Fischart Sie gerade kaufen. Erwerben Sie niemals einen Fisch anhand eines Populärnamens, wenn der Händler Ihnen nicht die genaue wissenschaftliche Bezeichnung nennen kann. Unter den völlig aquarienungeeigneten „Riesenfischen" befinden sich beispielsweise einige Lippfische, Süßlippen und Muränen.

165 Winzige Kofferfische sind empfindlich

Die sehr attraktiven Kugelfische (*Ostracion cubicus*, auch als *O. tuberculatum* bezeichnet) werden oft als winzige Jungfische mit einer Körperlänge von weniger als 2 cm angeboten. Berücksichtigt man die Adultgröße von 45 cm, dann wird klar, welche Babys man da vor sich hat. Viele von ihnen gehen im Aquarium zugrunde. Da die Aufzucht dieser Exemplare mit spezieller Nahrung eine sehr anspruchsvolle Angelegenheit für Spezialisten ist, sollte man sich als Aquarianer nicht auf ein solches Experiment einlassen.

166 Zwerggriffbarsche bewusst auswählen

Versuchen Sie immer, das Aggressionspotenzial möglichst gering zu halten. Wenn Sie beispielsweise eine Gruppe von Zwerggriffbarschen kaufen möchten, wählen Sie nicht ein Exemplar, das den Rest der Gruppe terrorisiert, und auch nicht eines, das Außenseiter ist und verjagt wird. Vermeiden Sie, sich das jeweils größte und das kleinste Exemplar auszusuchen, sondern nehmen Sie möglichst Fische mit gleicher Größe und setzen Sie diese auch gleichzeitig in das Aquarium ein. Es wird schwierig sein, später einzelne Exemplare hinzuzusetzen, es sei denn, sie sind noch sehr klein und jung. Selbst wenn der adulte Neuzugang zu einer völlig anderen Riffbarschart gehört, wird er sehr wahrscheinlich erbittert bekämpft.

167 Einige Fische sind aggressiver als andere

Manche Korallenfische, darunter einige Drückerfische, bereiten dem Aquarianer mit ihrer Neigung zu Aggressionen oft Kopfschmerzen. Dabei lässt sich das Verhalten nicht für jede Art sicher vorhersagen. *Balistapus undulatus* und *B. vetula* sind zweifellos sehr aggressiv. Balistoides conspicillum gilt ebenfalls als recht aggressiv, doch wenn man ihn als Jungtier erwirbt, toleriert er mit einiger Wahrscheinlichkeit andere Fische. Der Drücker *Rhinecanthus aculeatus* ist eine weitere Art mit unterschiedlichem Ruf. Bei Drückern der Gattungen *Sufflamen*, *Xanthichthys* und *Melichthys* ist das Verhalten etwas verlässlicher. Man muss sich gründlich über die jeweilige Art und ihr Verhalten informieren.

Tipp 167 Leopardendrücker (*Balistoides conspicillum*)

Fischkauf

168 Paarbildung ist schwierig

Korallenfische miteinander zu verpaaren, kann sehr schwierig sein. Die Fische selbst können dem Aquarianer dieses Problem aber gelegentlich abnehmen. Kauft man beispielsweise eine kleine Gruppe einer *Pseudanthias*-Art, dann wird sich bei Bedarf eines der Exemplare zu einem Männchen umbilden (siehe auch Tipp 436).

169 Manchmal trügt der Schein

Lassen Sie sich nicht durch ähnliche Arten täuschen. Acanthurus pyroferus beispielsweise hat große Ähnlichkeit mit *Centropyge flavissimus* oder *C. vroliki*. Bei anderen ist die Verwechslung gefährlicher: Halten Sie niemals einen schuppenbeißenden Putzer-Nachahmer (*Aspidontus taeniatus*) für einen Putzerlippfisch (*Labroides dimidiatus*), denn dieser nutzt das Vertrauen der anderen Fische aus, das diese einem Putzerfisch entgegenbringen, und beißt ihnen Schuppen aus der Haut.

170 Wählen Sie Lippfische passend zum Aquarium

Es gibt mehr als 60 Lippfisch-Gattungen und über 600 Arten. Selbst wenn also die Mehrzahl der Lippfische nicht aquariengeeignet ist, bleibt trotzdem eine reichliche Auswahl. Die Adultgrößen reichen von 5–150 cm. Zwar ist die Artbestimmung junger Lippfische nicht immer leicht, doch sie ist unabdingbar. Viele größer werdende Lippfischarten sind zu destruktiv für ein Aquarium und werden auch sehr aggressiv. Bestimmen Sie also die Art vor dem Kauf sehr genau.

171 Viele Kaiserfische wechseln ihr Farbkleid

Bereitet Sie sich darauf vor, dass juvenile Kaiserfische als Adulttiere völlig anders aussehen. Ihre Jugendfärbung besteht oft aus einer blauen und weißen Ringzeichnung, während sie als Adultfärbung völlig andere Farbmuster zeigen.

Juvenile Exemplare des Imperatorkaisers zeigen eine weiße Ringzeichnung auf blauem Grund.

Tipp 171 Der adulte Imperatorkaiserfisch (*Pomacanthus imperator*) hat ein blaues Streifenmuster auf gelbem Grund und eine gelbe Schwanzflosse.

Fischkauf

Tipp 172 Putzerlippfisch (*Labroides dimidiatus*)

172 Sind Putzerlippfische aquariengeeignet?

Hier gehen die Meinungen auseinander. Der Putzerlippfisch (*Labroides dimidiatus*) bietet Korallenfischen eine wichtige Dienstleistung, indem er sie von Hautparasiten befreit. Man könnte argumentieren, dass unter den gesunden, parasitenarmen Bedingungen im Riffaquarium die Fische weniger krank werden und kaum die Putzdienste benötigen, so dass den Putzerlippfischen ein wichtiger Teil der natürlichen Nahrung fehlt. Andere Kritiker führen an, dass die Putzerlippfische in der Natur nicht gefangen werden sollten, weil sie dann den anderen Korallenfischen als Putzer fehlten. Allerdings ist unzweifelhaft, dass diese nützlichen Lippfische sich gut an das Leben im Aquarium gewöhnen.

173 Nachgezogene Putzerfische

Wenn Sie einen Putzer im Aquarium haben möchten, dann könnten Sie auch zu *Gobiosoma oceanops* greifen, den Neongrundeln aus der Untergattung *Elacatinus* (in älterer Literatur oft als eigenständige Gattung bezeichnet). Oder aber zu den Putzergarnelen *Lysmata amboinensis*. Beide werden inzwischen regelmäßig nachgezogen. Die Neongrundeln leben zwar nur wenige Jahre, doch das liegt nicht an fehlender Aquarieneignung, sondern daran, dass es ein sehr kurzlebiger Fisch ist. Diese Art laicht in Riffaquarien sogar regelmäßig ab.

174 Faszinierend, aber nicht für das Aquarienleben geschaffen

Die Nasenmuräne (*Rhinomuraena quaesita*) ist sehr hübsch und entwickelt in Abhängigkeit von Alter und Geschlecht verschiedene Farbvarianten (hellblau bis schwarz, mit kontrastierend gelber Rückenflosse über die ganze Körperlänge). Diese elegant wirkenden Tiere sind außergewöhnlich attraktiv, aber es ist ausgesprochen schwierig, sie im Aquarium langfristig zu halten. Meist verweigern sie bald die Nahrung und verhungern. Selbst wenn man sie mit Lebendfutter ernährt, passen sie sich dem Leben im Aquarium nicht an. Darum sollten Sie es nicht versuchen.

Tipp 175 Kuhkofferfisch (*Lactoria cornuta*)

175 Kofferfische können Giftstoffe abgeben

Zur Selbstverteidigung geben Kofferfische und ihre Verwandten (Kugelfische, Igelfische) ein Gift ab, das im Aquarium alle Fische innerhalb weniger Minuten töten kann. Im natürlichen Lebensraum würde ein solcher Kugelfisch das Gift abgeben und dann fortschwimmen, doch in den räumlich beschränkten Verhältnissen eines Aquariums wird das Gift viel stärker konzentriert. Im Handumdrehen würden alle Fische sterben, schneller, als man irgendwelche Gegenmaßnahmen ergreifen könnte. Hält man einen solchen Fisch, darf er nicht in Panik geraten. Versuchen Sie, Stress von ihm fernzuhalten und auch Bedrohung durch andere Aquarientiere zu auszuschließen.

Fischkauf

Tipp 177 Medikamentenhaltiges Wasser nie ins Riffbecken!

176 Fische schonend eingewöhnen

Wegen ihrer geringen Toleranz gegenüber Umgebungsveränderungen sollte man beim Eingewöhnen von Korallenfischen sehr umsichtig vorgehen. Wurde ein Tier sehr lange transportiert, kann sein, dass die Wasserbedingungen im Transportgefäß sich so sehr verschlechtert haben, dass es sinnvoll ist, den Fisch sofort ohne lange Dichteanpassung in das Aquarium zu setzen. Auch sollte man in der Dichteanpassung möglichst kein Transportwasser in das Aquarium geben, damit nicht Krankheitserreger oder Behandlungsmedikamente in das Becken gelangen.

177 Wasser langsam anpassen

Um jeden Stress während des Überführens der neuen Fische aus dem Quarantäneaquarium in das Gesellschaftsbecken zu vermeiden, sollte man sicherstellen, dass die Wasserparameter in beiden Becken gleich sind. Auch zu helles Licht sollte dabei vermieden werden.

178 Bei Kugelfischen Transportstress vermeiden

Kugelfische und ihre Verwandten geben bei einer Panik ihr tödliches Gift ab. Versuchen Sie darum, während des Heimtransportes jeden Stress zu vermeiden. Transportieren Sie diese Fische immer einzeln (wie eigentlich jeden Fisch).

179 Salzgehalt während der Umgewöhnung messen

Wenn Sie das Transportwasser des Fisches langsam an Ihr Aquarienwasser angleichen, vergessen Sie nicht, vor dem Umsetzen den Salzgehalt in Aquarium und Transportbehälter zu messen, bevor Sie das Tier in das Aquarium setzen.

Tipp 177 Geben Sie kein medikamentenhaltiges Transportwasser in ein Riffaquarium.

Fischkauf

180 Becken abdecken

Wenn Ihr Aquarium normalerweise offen ist, sollten Sie es nach dem Einsetzen neuer Fische für einige Tage abdecken. Solange sie sich noch nicht eingewöhnt haben, tendieren neu eingesetzte Korallenfische dazu, nachts herauszuspringen, wenn sie bedrängt werden. Wenn sie ein eigenes Versteck gefunden haben, legt sich dies wieder.

181 Psychologische Tricks

Beachten Sie beim Einsetzen neuer Fische immer deren Verhalten. Eingewöhnte Riffbarsche beispielsweise verteidigen ihr Revier heftig gegen jeden Neuankömmling. Hier können Sie mit psychologischen Tricks arbeiten. Verändern Sie die Steindekoration im Revier des territorialen Fisches, damit dieser nicht die bestehenden Reviergrenzen verteidigen kann, sondern sie neu definieren muss.

182 Aggression begrenzen

Neu eingesetzte Fische werden in der ersten Zeit bisweilen von alteingesessenen bedrängt, oder umgekehrt. Wenn sich das nicht innerhalb weniger Tage von selbst legt, muss man eingreifen. Eine Möglichkeit, die allerdings nicht immer Erfolg verspricht, ist es, das Becken 48 Stunden lang vollständig abzudunkeln, indem man es mit einer dicken Decke zuhängt. Während dieser erzwungenen Ruhezeit legen sich oft die Aggressionen, und der Neuankömmling kann ein Versteck finden. Eine andere Methode ist, eine transparente Plastiktrennscheibe so in das Becken einzubringen, dass der Aggressor von den übrigen Beckenbewohnern getrennt wird. Notfalls kann dieser Fisch auch zwei Wochen lang in ein separates Becken gesetzt werden. Beim Wiedereinsetzen wird er dann erst sein neues Revier suchen müssen, und seine Aggression wird geringer sein. Allerdings kann sich dadurch auch sein Fressverhalten ändern. Wenn alles nicht hilft, müssen Sie möglicherweise entweder den Aggressor oder das Opfer seiner Angriffe zum Fachhändler zurückbringen.

Tipp 181 Veränderungen in der Steindekoration können Revierstreitigkeiten verhindern.

Fischhaltung

183 Wählen Sie die Fischarten sorgfältig aus

Bedenken Sie, dass es sehr schwierig sein kann, einen Fisch aus dem eingerichteten Aquarium zu entfernen. Manchmal muss das Becken komplett ausgeräumt werden. Wählen Sie die Arten darum sorgfältig aus und stellen Sie sicher, dass Sie das betreffende Exemplar wirklich haben möchten.

184 Einsatz einer Fischfalle

Statt beim Auftreten von Aggressionsproblemen nach dem Einsetzen neuer Fische das ganze Becken auszuräumen, um den betreffenden Problemfisch zu fangen, können Sie auch eine Fischfalle einsetzen, damit Stress für die gesamte Fischgesellschaft vermieden wird. Meist werden diese Fallen mit Futter bestückt und verwenden eine manuell bediente Falltür. Diese Anschaffung macht sich im Laufe einiger Jahre mehr als bezahlt.

Tipp 184 Fischfallen sind sicher und leicht zu bedienen.

185 Manche Fische werden für das Aquarium zu groß

Fledermausfische benötigen wenigstens 750 Liter Aquarienvolumen, weil sie sehr groß werden. Es hilft auch nicht, diese Fische einem öffentlichen Aquarium zu geben, wenn sie zu groß werden, denn wenn das jeder tut, weiß man dort nicht, wohin mit den vielen Fledermausfischen.

186 Fische mit scharfen Verteidigungswaffen fangen

Manche Fische haben scharfe Verteidigungswaffen, z. B. Doktorfische (Schwanzwurzel-Messer) oder Kaninchenfische (Rückenflossenstacheln). Diese Waffen können sich in einem Fangnetz verhaken und den Fisch dadurch in enormen Fangstress bringen. Das können Sie vermeiden, indem Sie solche Fische mit einem Plastikgefäß fangen.

187 Stich durch einen Rotfeuerfisch

Versuchen Sie niemals, einen Rotfeuerfisch in die Enge zu treiben, denn dadurch setzen Sie sich der Gefahr eines Stiches aus. Die erste Gegenmaßnahme, wenn es doch einmal zu einem Unfall kommen sollte, ist, den Stich heißem Wasser auszusetzen, so heiß und so lange, wie es gerade noch toleriert wird, ohne eine Verbrühung zu verursachen, in der Hoffnung, dass das Eiweiß des Giftes denaturiert und dadurch unwirksam wird. Ärztliche Hilfe sollte aufgesucht werden, weil das extreme Schmerzerlebnis für Kreislauf und Psyche sehr belastend sein kann.

Tipp 187 Der Stich eines Rotfeuerfisches ist extrem schmerzhaft.

Fischhaltung

188 Kauf von Kaiserfischen

Um Großkaiser erfolgreich zu pflegen, braucht man viel Erfahrung; man wird sie niemals als leicht haltbare Aquarienfische bezeichnen können. Manche Arten sind sicher etwas unproblematischer, doch man sollte vor einem solchen Kauf immer den Rat erfahrener Spezialisten suchen. Die folgenden Arten gelten als die robustesten: *Pomacanthus paru*, *P. semicirculatus*, *P. arcuatus*, *Holacanthus ciliaris* und *H. bermudensis*. Trotz ihres faszinierenden Äußeren stellt ihre Aquarienhaltung auch für Spezialisten eine Herausforderung dar.

Tipp 190 *Pomacanthus navarchus*

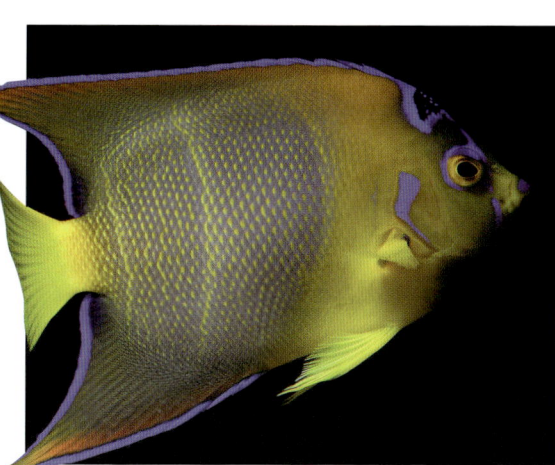

Tipp 188 Ein junger *Holacanthus ciliaris*

190 Großkaiser im Riffaquarium

Nicht alle Großkaiser sind für ein Riffbecken ungeeignet. Vorausgesetzt, man nimmt gelegentliches Herumzupfen an den Korallen nicht übel, kommen durchaus einige Arten in Frage. Dazu gehören *Pomacanthus navarchus*, *P. imperator* und *Pygoplites diacanthus*. Bedenken Sie, dass der Imperatorkaiser meist als Jungtier verträglicher ist und als Adulttier problematischer wird.

191 Unbekanntere Kaiserfische

Kaiserfische der Gattung *Genicanthus* sind weniger bekannt als ihre prächtig gefärbten Verwandten, eignen sich aber hervorragend für die meisten Meeresaquarien. Alle Arten dieser Gattung fressen tierisches Plankton, gehen also im Freiwasser an die Nahrung und nehmen Ersatzfutter gut an. Sessile Wirbellose belästigen sie sehr selten. Auch existieren farbliche Geschlechtsunterschiede, was die Verpaarung durch den Aquarianer vereinfacht.

189 Großaquarium für Großkaiser

Wenn Sie Großkaiser halten möchten, benötigen Sie auch ein entsprechend großes Aquarium. Sie erreichen je nach Art Größen von bis zu 50 cm, so dass sie für herkömmliche Zimmeraquarien gänzlich ungeeignet sind.

Fischhaltung

192 Zwergkaiser sind sehr aquariengeeignet

Zwergkaiserfische sind kleine Kaiserfische aus der Gattung *Centropyge*, die meist zwischen 6 und 15 cm groß werden. Sie gehören zur selben Familie wie die Großkaiser (Pomacanthidae) und sind nicht nur farbenprächtig, sondern auch erheblich robuster und aquariengeeigneter. Auch benötigen sie kein allzu großes Aquarium.

193 Zwergkaiser und Korallen

Manche Zwergkaiser zupfen gelegentlich an Korallen. Das mag gelegentlich nur der Versuch sein, glukose- oder bakterienhaltige Schleimsekrete aufzunehmen, kann die Korallenpolypen aber belästigen. Die Gefahr für Korallen unterscheidet sich nicht nur von Art zu Art, sondern ist auch innerhalb einer Art sehr. Trotzdem sind Zwergkaiser aber bei Aquarianern auch im Riffbecken sehr beliebt. Der kleinste von ihnen, *C. argi*, kann als harmlos bezeichnet werden. Ein anderer sehr begehrter Zwergkaiserfisch ist *C. loriculus*, ein prächtig rot gefärbtes Tier. Überlegen Sie vor dem Kauf gut: Diese Fische sind zwar durchaus für Anfänger geeignet, können sich aber im Riffaquarium etwas daneben-benehmen.

194 Zwergkaiserarten können vergesellschaftet werden

Im Gegensatz zu Aussagen vieler Fachbücher können unterschiedliche *Centropyge*-Arten durchaus vergesellschaftet werden, wenngleich auch mit gewisser Vorsicht. *Centropyge bispinosa* ist unter ihnen der Verträglichste. Plant man also, mehrere *Centropyge*-Arten gemeinsam zu pflegen, sollte man mit *C. bispinosa* beginnen.

195 Zwergkaiser und Doktorfische als Algenfresser

Fische, die einen großen Teil ihres Tages damit verbringen, Algen vom Gestein zu zupfen, profitieren nicht nur von Lebendgestein im Aquarium, sondern auch von getrockneten Algen, die, auf einen Stein gebunden oder von einer Klammer gehalten, als Ersatzfutter gereicht werden. Daran können sie länger herumzupfen, als sie sich mit Frostfutter beschäftigen würden. Da dies ihren natürlichen Fressgewohnheiten entspricht, lässt sich damit die Wahrscheinlichkeit reduzieren, dass sie die Korallen belästigen.

Tipp 194
Centropyge bispinosus

Fischhaltung

196 Blennies als Algenfresser

Für das Aquarium stehen viele Blenniiden zur Auswahl, die sich grob in Algenfresser (Herbivore) und Planktonfresser (Planktivore) unterscheiden lassen. Zu den herbivoren gehören *Ecsenius bicolor* und *Salarias fasciatus*. Beide helfen im Riffaquarium, den Algenwuchs unter Kontrolle zu halten. Allerdings sollte man in einem kleineren Aquarium keine herbivoren Blennies verschiedener Arten unterbringen, weil dies zu heftigen Kämpfen führen würde. Zu den planktivoren Blenniiden gehört *Ecsenius midas*, eine hübsch gefärbte Art.

Tipp 198 *Ecsenius midas*

Tipp 196 *Salarius fasciatus*

198 Der Midas-Blenny

Der Midas-Blenny (*Ecsenius midas*) ist im Gegensatz zu seinen Verwandten sehr schwimmfreudig. Oft schwimmt er gemeinsam mit *Pseudanthias* spp., mit denen er gewisse Ähnlichkeit hat. Für ein Aquarium mit größeren Fischen ist er eine gute Wahl, obgleich er dazu neigt, gleich große Planktivore zu bekämpfen.

199 Der Rotmeer-Blenny

Der Rotmeer-Blenny (*Ecsenius gravieri*) ist ein hübscher Fisch, der dem giftigen *Meiacanthus nigrolineatus* ähnlich sieht. Allerdings ist er selbst ungiftig und wie seine engen Verwandten robust, friedlich und darum auch für den Einsteiger geeignet.

197 Der Bicolor-Blenny

Ecsenius bicolor ist vielleicht nicht so farbenprächtig und agil wie manche anderen Korallenfische, doch seine lebendige Art, die Robustheit und das interessante Verhalten entschädigen dafür absolut. Auch ist er nicht krankheitsanfällig und noch dazu preiswert. Er sitzt meist auf einer Erhöhung in der Nähe seiner Wohnhöhle und beobachtet die Umgebung. Dieser Blenny gehört zu den für Einsteiger geeigneten Fischen, auf die man sich in der ersten Zeit möglichst beschränken sollte.

Tipp 199 *Ecsenius gravieri*

Fischhaltung

200 Gibt es pflegeleichte Falterfische?

Die meisten Experten halten den Begriff „pflegeleichter Falterfisch" für einen Widerspruch in sich. Allerdings sind manche Falterfische leichter zu pflegen als andere, und wenn man ausreichend Erfahrung hat, kann man mit diesen Arten beginnen. Dazu zählen *Chaetodon auriga*, *C. vagabundus*, *C. kleini*, *C. xanthurus*, *C. melanotus*, *C. miliaris* und *C. lunula*. Ein wesentlicher Aspekt ist die ruhige Natur von Falterfischen; man sollte sie nicht mit quirligen und sehr lebhaften Fischen zusammen halten.

Tipp 202 Kupferband-Falterfisch *(Chelmon rostratus)*

Tipp 200 *Chaetodon auriga*

201 Klein heißt nicht friedlich

Unterschätzen Sie nicht das Aggressionspotenzial kleiner Fische. Dass ein Zwerggriffbarsch ein unangenehmer Geselle sein kann, weiß eigentlich jeder Meerwasseraquarianer, aber dass einige Vertreter der Familie Pseudochromidae heftige Flossenbeißer sind, ist weniger bekannt. Der früher sehr beliebte *Pseudochromis paccanellae* verliert durch dieses Verhalten inzwischen viele Freunde.

202 Nachhilfe für den Chelmon

Der Kupferband-Falterfisch (*Chelmon rostratus*) hat den Ruf, im Aquarium ein schlechter Fresser zu sein. Das pinzettenförmige Maul ist eine Anpassung an seine Nahrungssuche in Löchern und Spalten. Muss er seine Nahrung hingegen im Freiwasser suchen, scheitert er leicht an Konkurrenz, die sich genau darauf spezialisiert hat. Man kann ihm helfen, indem man Frostfutter in einem leeren Muschelschalenpaar versteckt und dies dort platziert, wo er sich meist aufhält. Prinzipiell sollte man ihn aber nur in ein Riffaquarium mit Lebendgestein einsetzen, in dem er zwischen den Hauptmahlzeiten viele Kleinhappen findet.

203 Der Königsgramma ist farbenprächtig

Der Königsgramma (*Gramma loreto*) ist ein prächtig gefärbter Fisch, zu gleichen Teilen purpur und kräftig gelb. Setzen Sie ein größeres Exemplar mit ein oder zwei kleineren ein. Verwechseln Sie diesen Fisch aber nicht mit dem ähnlich gefärbten *Pseudochromis paccanellae*, einer aggressiven Art aus dem Westpazifik.

Fischhaltung

204 Es gibt auch friedliche *Pseudochromis*-Arten

Einige *Pseudochromis*-Arten aus dem Roten Meer und dem Persischen Golf sind friedlicher als Arten aus dem Indopazifik. Dazu gehören *Pseudochromis fridmani, P. flavivertex, P. aldabraensis* und *P. sankeyi*. Die Rotmeer-Arten sind auch oft als Nachzuchten erhältlich.

Tipp 204 *Pseudochromis flavivertex*

205 Zwergriffbarsche sind gute Einsteigerfische

Zwergriffbarsche, auch als Demoisellen bezeichnet, sind hervorragende Fische für den Meeresaquaristik-Neueinsteiger. Allerdings entwickeln sie recht große Aggressionen, innerhalb der Art und auch gegen andere Fische.

206 Zwei friedliche Zwergriffbarsch-Arten

Viele Zwergriffbarsche machen im Riffaquarium viel Ärger. Doch wenn man bereit ist, sich auf eine Fischart zu beschränken, sind sie hochinteressant. Und wer sie hat, der hat sie viele Jahre lang; sie werden steinalt. Geeignete Arten wären *Chrysiptera cyanea* und *Pomacentrus alleni*. Diese beiden Arten gehören zu den friedlichsten Zwergriffbarschen und können leicht paarweise oder in Gruppen gehalten werden.

207 Türkisdemoisellen sind Schwarmfische

Wie einige andere Arten dieser Gattung sind die Türkisdemoisellen (*Chromis viridis*) gegenüber Artgenossen sehr tolerant. Darum ist dieser Fisch ideal, wenn man einen Schwarm im Aquarium haben möchte. Neben ihrer Robustheit sind sie auch nützlich, wenn es darum geht, einen neu eingesetzten Fisch dazu zu bewegen, im Freiwasser zu schwimmen. Darüber hinaus sind sie im Vergleich zu anderen Korallenfischen sehr preiswert.

Tipp 207 Ein Schwarm Türkisdemoisellen (*Chromis viridis*)

Fischhaltung

208 Nahrungsspezialisten später einsetzen

Manche Fische brauchen lebende Zusatznahrung in Form von Copepoden, Amphipoden oder anderen kleinen Crustaceen, die sich im Lebendgestein des Aquariums entwickeln. In den ersten Monaten sind diese Kleinkrebs-Populationen aber noch klein, und der Fraßdruck hungriger Fische kann sie regelrecht ausrotten. Darum sollte man Fische, die sich auf diese ökologische Nische spezialisiert haben (z. B. *Synchiropus*-Arten) erst nach vielen Monaten einsetzen, wenn sich die Kleinkrebs-Populationen sichtbar stabilisiert haben. Auch sollten Sie nicht den Fehler machen, mehrere Arten einzusetzen, die in der gleichen ökologischen Nische existieren und füreinander eine Nahrungskonkurrenz darstellen, beispielsweise *Synchiropus splendidus* und *S. ocellaris*.

209 Fische können Turbellarien kontrollieren

Einige Fische (z. B. *Synchiropus picturatus*, *S. ocellaris* und *Pseudocheilinus hexataenia*) können die Ausbreitung von Plattwürmern der Klasse Turbellaria begrenzen, vor allem von *Colvolutriloba retrogemma*, die meist falsch als „Planarien" bezeichnet werden (Planarien existieren nur im Süßwasser). Allerdings ist der Erfolg bei den einzelnen Fisch-Individuen sehr unterschiedlich. Manche Exemplare einer Art fressen die Plattwürmer, andere hingegen nicht. Doch man sollte diese Fische nur einsetzen, wenn sie auch auf der ursprünglichen Fisch-Wunschliste stehen.

210 Doktorfische brauchen große Aquarien

Viele Aquarianer lieben den Gelben Hawaiiseebader (*Zebrasoma flavescens*), und glücklicherweise ist dieser Fisch im Aquarium sehr gut haltbar. Eine Alternative dazu ist die ähnliche Art *Zebrasoma scopas*. Diese beiden gehören zwar zu den kleinen Doktorfischen, doch auch sie sollte man nicht in Aquarien unterhalb von 300 l Volumen halten. Da sie Algenfresser sind, muss man sie mit ausreichend Pflanzennahrung versorgen.

Tipp 210 Der gelbe Hawaii-Doktorfisch (*Zebrasoma flavescens*)

211 Doktorfische als letzte Fische einsetzen

Mit Ausnahme der beiden Arten *Acanthurus pyroferus* und *A. tristis* sollten Doktorfische immer als Letzte in das Becken eingesetzt werden, um territoriale Konflikte zu vermeiden. Das scharfe, skalpellähnliche Messer an der Schwanzwurzel, das diesen Fischen ihren Populärnamen gegeben hat, kann bei Auseinandersetzungen starke Wunden reißen.

Fischhaltung

212 *Acanthurus*-Exemplare jung kaufen

Doktorfische der Gattung Acanthurus sind gegeneinander sehr aggressiv. Möchten Sie diese in das Aquarium einsetzen, sollten Sie kleine Exemplare wählen, möglichst nur wenige Zentimeter groß, um Aggressionsprobleme zu begrenzen. Das gilt vor allem für Acanthurus lineatus, *A. coeruleus* und *A. sohal*. Wenn sie sich von klein auf im Aquarium befinden und der übrige Aquarienbesatz mit Bedacht gewählt wird, hat man meist wenig Probleme mit ihrer Aggressivität.

213 Palettendoktorfische wachsen schnell

Der kräftig blaue Palettendoktorfisch (*Paracanthurus hepatus*) taucht im Handel öfter als winzig kleines Exemplar auf als die meisten anderen Doktorfische. Doch er wächst innerhalb weniger Jahre auf eine Größe von bis zu 30 cm heran. Er ist sehr gefräßig und kann sessile Wirbellose belästigen, wenn er nicht ausreichend Nahrung findet. Getrocknete Algen als Zusatznahrung können das verhindern. Trotz der enorm attraktiven Wirkung dieses Fisches sollte man vor einem Kauf immer seine Endgröße und Bedürfnisse berücksichtigen.

214 Doktorfische überlegt wählen

Doktorfische neigen zu Infektionen mit dem Ektoparasiten *Cryptocarion irritans*, vor allem in der Eingewöhnungszeit. In einem Riffaquarium kann die Behandlung sehr problematisch sein. Zwar gibt es mehrere Behandlungsmöglichkeiten, doch diese sind alle nicht annähernd so effektiv wie Kupfersulfat, das in Gegenwart von Wirbellosen nicht angewendet werden darf. Darum sollte man sich immer gründlich überlegen, ob man die betreffende Art wirklich einsetzen und auch möglichen Ärger in Kauf nehmen will. Besonders anfällig sind z. B. *Acanthurus japonicus*, *A. leucosternon*, *A. achilles* und, wenngleich auch nicht ganz so extrem, *Paracanthurus hepatus*. Entscheidet man sich für den Kauf, sollte man den Fisch unbedingt in Quarantäne halten.

215 Borstenzähner sind fleißig

Die Vertreter der Gattung *Ctenochaetus* werden auch als Borstenzähner bezeichnet. Ihre Bezahnung ist darauf spezialisiert, Mikroalgen und Detritus vom Steinsubstrat abzuraspeln. Das macht sie für die meisten Meeresaquarien zu sehr nützlichen Fischen, die sich ihren Lebensunterhalt im Aquarium selbst verdienen. Sie sind als Mikroalgenfresser eine gute Ergänzung für andere Doktorfische, die sich von Makroalgen ernähren.

Tipp 213 Palettendoktorfisch (*Paracanthurus hepatus*)

Fischhaltung

216 Manche Lippfische sind friedlich

Lippfische der Gattung *Cirrhilabrus* sind ideal für ein Riffaquarium, weil sie sehr farbenprächtig sind, sehr friedlich und recht klein bleibend. Die meisten werden nicht über 12 cm lang. Viele Arten stehen zur Wahl, z. B. *Cirrhilabrus exquisitus, C. scottorum* und der schöne, aber teure *C. jordani*. Manchmal sind diese Arten sogar paarweise erhältlich, und das paarweise Schwimmen im Freiwasser macht diese Fische noch erheblich attraktiver. Allerdings springen sie bisweilen aus dem Aquarium, so dass sie nicht mit allzu lebhaften Fischen vergesellschaftet werden dürfen und das Becken notfalls auch abgedeckt werden sollte.

217 Korallenfisch mit „Persönlichkeitsspaltung"

Bezüglich des Sechsstreifen-Lippfisches (*Pseudocheilinus hexataenia*) ist es sehr schwierig, einen Ratschlag zu geben. Einige Exemplare sind sehr robust, friedlich und durch ihre geringe Größe ideale Bewohner für das Riffaquarium. Andere aber sind extrem territorial und attackieren fortwährend auch Fische, die erheblich größer sind als sie selbst. Das Gleiche gilt für den Vierstreifen-Lippfisch (*Pseudocheilinus tetrataenia*) aus Hawaii.

218 Idealer Riffaquarienbewohner

Der Vierstreifen-Höhlenlippfisch (*Wetmorella albofasciatus*) wird im Handel mehr und mehr verfügbar und ist einer der geeignetsten Fische für ein Riffaquarium. Die Art lässt sich leicht verpaaren und ist auch gut in kleineren Becken zu halten (ab 100 l). Dieser bis 8 cm groß werdende Fisch benötigt viele Versteckplätze und sollte nicht mit allzu lebhaften oder aggressiven Beckengenossen gehalten werden.

219 Der Clownfisch, ein Klassiker

Clownfische sind ideale Aquarienbewohner, weil sie sich auch in der Natur nie weit von ihrem Territorium entfernen. Sofern Sie nicht gezielt eine der größeren Clownfischarten haben möchten, sollten Sie sich an *Amphiprion ocellaris* halten, der am häufigsten auftaucht und auch regelmäßig aus künstlicher Nachzucht erhältlich ist.

Tipp 219 Clownfisch (*Amphiprion ocellaris*)

220 Schutz durch einen Schlafsack

Papageienfische und einige Lippfische legen sich nachts zur Ruhe, indem sie sich mit einem Schleimsekret umhüllen, das ihren Fressfeinden das Entdecken ihrer Duftstoffe erschwert. Andere Lippfische vergraben sich nachts im Bodengrund.

Fischhaltung

221 Ein Drückerfisch für Riffaquarien

Der Blaukehldrückerfisch (*Xanichthys auromarginatus*) ist einer der am leichtesten zu haltenden Drückerfische. In der Natur ernährt er sich von tierischem Plankton und belästigt Korallen kaum einmal. Lediglich mit sehr kleinen Garnelen sollte man vorsichtig sein, wenn dieser Fisch in das Aquarium eingesetzt wird. Man kann ihn mit wenig Problemen auch paarweise halten oder sogar als Dreiergruppe (ein Männchen und zwei Weibchen).

222 Rotstreifen-Torpedobarsch

Gobies aus der Familie Malacanthidae sind durch zwei oder drei Arten im Handel vertreten, die aus größerer Tiefe stammen. Der Rotstreifen-Torpedobarsch (*Hoplolatilus marcosi*) ist dafür ein gutes Beispiel. Einzelexemplare sind allerdings scheu und neigen zum Springen, weshalb das Becken abgedeckt sein sollte. In einem ruhigen Becken gewöhnen sie sich jedoch auch ein, nehmen bald Ersatznahrung an und schwimmen auch im Freiwasser. Wie alle Fische aus dem Tiefwasser haben auch bei dieser Art jene Exemplare, die zu schnell an die Oberfläche gebracht worden sind, Probleme mit der Schwimmblase. Solche Tiere sollte man keinesfalls kaufen.

223 Gobies für ein kleines Aquarium

Viele Gobies eignen sich speziell für kleine Aquarien. Die meisten sind friedlich und klein bleibend. Dazu gehören: *Amblygobius rainfordi*, *Gobiosoma* (= *Elacatinus*) *oceanops* und *G. evelinae*, die als Putzer Fische von Hautparasiten befreien. *Gobiosoma oceanops* ist kräftig blau, während *G. evelinae* goldgelb gefärbt ist.

Tipp 232 *Amblygobius rainfordi*

224 Nach der Eingewöhnung robust: Schwertgrundeln

Für ein ruhiges Gesellschaftsbecken ist die Dekor-Schwertgrundel (*Nemateleotris decora*) eine hervorragende Wahl. Bis er seinen Versteckplatz gefunden hat, ist dieser klein bleibende Planktonfresser allerdings manchmal schwer einzugewöhnen. Einzeln oder paarweise halten.

Tipp 233 *Nemateleotris decora*

Fischhaltung

225 Blaustreifenseenadel

Die Blaustreifenseenadel (*Doryrhamphus excisus*) gehört zu den am besten aquarienhaltbaren Seenadeln und eignet sich besonders für ein mit Lebendgestein ausgestattetes Korallenbecken. Man kann sie als Paar halten, und sie lässt sich leicht an Frostfutter gewöhnen. Diese Fische sind unproblematischer zu halten als die meisten anderen Seenadelarten.

Tipp 227 *Dendrochirus biocellatus*

Tipp 225 Blaustreifenseenadel (*Doryramphus excisus*)

226 Der Maskenwimpelfisch

Der Maskenwimpelfisch (*Zanclus cornutus*) ist absolut kein Anfängerfisch. Früher galt er als unhaltbar, doch inzwischen lassen sich mit einem Korallenriffaquarium, das mit Lebendgestein ausgestattet ist und diesem Fisch reichlich Lebendnahrung bietet, gewisse Fortschritte verzeichnen. Die robustesten Exemplare kommen von den Gewässern vor Hawaii, was allerdings kaum an den Fischen selbst liegt, sondern eher an dortigen besseren Methoden für Hälterung und Transporte. Doch trotz dieser Fortschritte kann dem Einsteiger und auch dem mäßig Erfahrenen vom Kauf nur dringend abgeraten werden.

227 Kleine Drachenkopfartige

Wer einen klein bleibenden Drachenkopf haben möchte, dem stehen drei Arten zur Wahl: *Dendrochirus* brachypterus, *D. biocellatus* und *Pterois radiata*. Keiner von ihnen wird über 20 cm lang, während der Rotfeuerfisch (*Pterois volitans*) in der Natur bis zu 50 cm groß wird.

228 Der Kreide-Sägebarsch

Der Kreide-Sägebarsch (*Serranus tortugarum*) ist ein hübscher, friedlicher Fisch und für Einsteiger sehr geeignet. Sein Geschlechtsleben ist besonders interessant, denn diese Fische sind simultane Hermaphroditen, bilden also gleichzeitig männliche und weibliche Geschlechtsorgane aus. Während der Paarung können sie dann entweder als Männchen oder als Weibchen fungieren. Immer als Gruppe halten.

Fischhaltung

229 Kaninchenfische sind friedlicher als Doktorfische

Kaninchenfische sind eine friedliche Alternative zu den territorialen Doktorfischen. Diese Algenfresser, die man oft in größeren Verbänden oder paarweise findet, sind erheblich weniger aggressiv als ihre engen Verwandten, die Acanthuridae. Einige Arten haben allerdings giftige Rückenflossenstacheln. Arten wie das Fuchsgesicht [*Siganus* (= *Lo*) *vulpinus* und *S. unimaculatus*] sind exzellente Fische für das Riffaquarium, die selteneren *S. uspi* und *S. magnificus* allerdings sind erheblich empfindlicher.

230 Schreckfärbung ist harmlos

Wird das Fuchsgesicht (*Siganus vulpinus, S. unimaculatus*) Stress ausgesetzt, dann bekommt es seine dunkel gescheckte Schreckfärbung, stellt die Rückenflossenstacheln auf und bleibt an einer Stelle reglos liegen, so dass der Unerfahrene befürchten kann, der Fisch sei tot. Sobald der Fisch die Angst verloren hat, verhält er sich aber wieder normal.

231 Kugelfische blasen sich auf

Kugelfische und die eng verwandten Igelfische füllen ihren flexiblen Körper mit Wasser (nicht mit Luft!), um einen Feind abzuwehren. Im Aquarium geschieht dies nur als Reaktion auf starken Stress, und man sollte dies nicht zu Demonstrationszwecken provozieren. Muss man einen Kugelfisch fangen, dann sollte man ihn in einen Behälter setzen, der dieses „Aufblasen" zulässt. Auch sollte man diese Fische nicht aus dem Wasser herausnehmen, weil sie sich infolge der Panik sonst möglicherweise mit Luft aufblasen und später große Schwierigkeiten haben können, diese Luft wieder aus dem Körper zu bekommen. Solche Tiere schwimmen dann an der Oberfläche und ersticken, wenn man sie nicht sanft unter die Wasseroberfläche drückt.

232 Kandidaten für das Fischbecken

Hamletbarsche sind in den USA deutlich beliebter als in Europa, was wahrscheinlich mit ihrer Herkunft aus der Karibik zusammenhängt. Für ein großes Fischbecken eignen sie sich jedoch sehr gut, besonders *Hypoplectrus unicolor*, *H. accensus*, *H. gemma* oder *H. indigo*. Sie alle leben räuberisch und fressen kleine Fische und Crustaceen.

Tipp 230 Die Kopfzeichnung gibt dem Fuchsgesicht (*Siganus vulpinus*) seinen Populärnamen.

Fischhaltung

233 Brunnenbauer

Der blau gefleckte Brunnenbauer (*Opistognathus rosenblatti*) ist ein sehr schöner Fisch, der viel Geld kostet. Allerdings ist er unter allen Brunnenbauern einer der Robustesten und gewöhnt sich schnell an Ersatznahrung. Er braucht eine Bodengrunddicke von mehr als 8 cm, um darin seine Wohnhöhle zu bauen. Kurzzeitig kann man ihm auch eine hohe Plastikdose aus lebensmittelechtem Material geben, die mit Bodengrund gefüllt ist. Allerdings muss das Aquarium abgedeckt sein, weil diese Fische oft aus dem Becken springen.

234 Süßlippen

Bevor Sie Geld in irgendeinen Vertreter der Süßlippen (Haemulidae) investieren, sollten Sie die maximale Größe der Fische kennen und auch ihre Adultfärbung. Jungfische dieser Familie sind kräftig gefärbt und haben eine interessante Schwimmweise, verändern sich beim Heranwachsen jedoch stark. Man vermutet, dass die Jugendfärbung plakative Plattwürmer nachstellen soll.

235 Fahnenbarsche

Fahnenbarsche brauchen viel Nahrung. Manche Arten sollte man als Einsteiger meiden, etwa den prächtigen Pseudanthias tuka. Wie viele *Planktivore* nehmen Fahnenbarsche praktisch permanent planktonische Organismen aus dem Freiwasser auf, und man muss, um sie im Aquarium zu ernähren, viele Male täglich entsprechend feines Frostfutter reichen. In der Natur leben sie im Schwarm, weshalb man sie im Aquarium auch in einer Gruppe halten sollte.

236 Korallenwächter

Korallenwächter sind kleine, sehr robuste Räuber und im Aquarium meist friedlich. Allerdings fressen sie Kleinfische bis zu der Größe, die gerade noch in ihr Maul passt. Die meisten Arten bleiben recht klein, mit Ausnahme von *Paracirrhites forsteri,* der bis zu 25 cm groß wird.

Tip 235 Fahnenbarsch (*Pseudanthias squamipinnis*).

Fischhaltung

Tipp 236 Roter Korallenwächter (*Neocirrhites armatus*)

237 Alternative zum Korallenwächter

Wer Korallenwächter (Cirrhitidae) mag, aber wegen kleiner Fische keinen Räuber ins Becken setzen kann, dem empfiehlt sich *Plectranthias inermis*. Diese Art taucht inzwischen mehr und mehr im Handel auf, und obgleich man ungern so viel Geld für einen so kleinen Fisch bezahlt, ist die Anschaffung lohnend, weil er sich leicht an Ersatznahrung gewöhnt. Trotz der Ähnlichkeit im Verhalten gehört er nicht zu den Korallenwächtern, sondern zur Familie Serranidae (Unterfamilie Anthiinae).

238 Konvergente Evolution

Viele Fische zeigen etwas, das als konvergente Evolution bezeichnet wird. Dieses Phänomen entwickelt sich dann, wenn zwei nicht verwandte Arten die gleiche ökologische Nische besetzen. Gobies der Gattung Gobiodon und die Rotfleck-Pelzgroppe (*Caracanthus maculatus*), ein enger Verwandter der Skorpionsfische, sind ein gutes Beispiel dafür. Beide leben inmitten der Äste von Steinkorallen, beide sind seitlich komprimiert und flach, haben einen rundlichen Kopf und starke Brustflossen, mit denen sich abstützen. Sie ähneln einander also aufgrund der vergleichbaren Lebensweise sehr, sind aber nicht miteinander verwandt.

239 Neue Arten ohne Namen

Jedes Jahr gelangen neue Korallenfische in den Aquaristik-Fachhandel. Manche sind so neu, dass sie noch nicht einmal von der Wissenschaft beschrieben wurden. Doch kaum einer davon ist nicht mit irgendwelchen verbreiteten Fischen verwandt, so dass man bereits vorhandene Haltungserfahrungen auf sie beziehen kann.

240 Neue Art

Dieser kleine Fisch, der zur Gattung *Tryssogobius* gehört, wurde von Wissenschaft und Aquaristik neu entdeckt. Trotz seiner geringen Größe (2,5 cm) und des empfindlich wirkenden Erscheinungsbilds ist er robust und leicht an Ersatznahrung zu gewöhnen. Man sollte ihn mit anderen klein bleibenden Fischen halten und mehr als einmal täglich mit feinem Frostfutter versorgen. Diese Art eignet sich hervorragend für kleine Becken, auch Nano-Aquarien, obgleich sie sich auch in größeren Riffbecken gut entwickelt. Mikro- oder Nano-Aquarien werden oft von erfahrenen Aquarianern eingerichtet, oder von jenen, die ein kleines Budget haben. Solche Becken können entweder separat aufgestellt oder an ein größeres Riffaquarium angeschlossen sein. Wegen der geringeren Belastbarkeit erfordern sie aber oft mehr Pflege als ein größeres Aquarium.

Tipp 240 *Tryssogobius* sp.

Wirbellosenhaltung

241 Herbivore einsetzen

Eine Faustregel besagt, dass man pro 5 l Beckeninhalt einen kleinen Algenfresser einsetzen soll. Doch dies sollte nacheinander geschehen, nicht auf einmal. Wann immer man im Fachgeschäft ist und eine Koralle kaufen möchte, aber nichts Passendes findet, kann man stattdessen einen kleinen Algenfresser erwerben. Man muss möglicherweise auch nach und nach Verluste ersetzen, weil einige durch Unfälle sterben oder von anderen Beckeninsassen gefressen werden.

242 Turboschnecken

Der Begriff Turboschnecke wird (fälschlicherweise) nicht nur für Schnecken der Gattung *Turbo* verwendet, sondern für alle mit ähnlichem Gehäuse, etwa *Astraea* spp., *Tectus* spp. und *Trochus* spp. Wenn man Vertreter mehrerer Gattungen erwerben kann, sollte man dies durchaus tun, denn eine größere Vielfalt ist immer vorteilhaft.

Tipp 243 Geeignet für Riffaquarien: *Paguristes cadenati*

243 Einsiedlerkrebse

Zwei besonders geeignete, klein bleibende Einsiedlerkrebsarten für das Riffaquarium, die Algen fressen, sind *Clibanarius tricolor* und *Paguristes cadenati*. *Clibanarius tricolor* hat blaue Beine, *Paguristes cadenati* hingegen rote. Beide dürfen aber nicht mit den vielen größer werdenden Einsiedlern verwechselt werden, die oft eine völlig andere, räuberische Lebensweise haben.

244 Welche Herbivoren und wie viele?

Die anfangs besten Herbivoren sind Turbo-Schnecken (und ähnliche Gattungen) sowie herbivore Einsiedler. Die benötigte Zahl hängt von der Beckengröße ab, die Relation von Schnecken zu Einsiedlern von der Algenart im Becken. Hat man kein spezifisches Algenproblem, sollte man beide Gruppen zu gleichen Teilen mischen. Bei Fadenalgenproblemen sind mehr Einsiedler ratsam, etwa im Verhältnis von 3 : 2. Bei flächig wachsenden Algen empfiehlt es sich, dieses Verhältnis umzukehren.

Tipp 242 Turboschnecken *(Turbo brunneus)*

Wirbellosenhaltung

245 Einsiedler häuten sich

Erschrecken Sie nicht, wenn Sie kurz nach dem Einsetzen eines Einsiedlerkrebses etwas finden, das wie ein toter Krebs wirkt. Mit großer Wahrscheinlichkeit handelt es sich dabei um den alten Krebspanzer. Wie alle Krebse müssen sich auch Einsiedler regelmäßig häuten. Das Abstoßen des alten Exoskeletts macht Platz für ein neues, das Wachstum ermöglicht. Dabei werden auch verlorene Körperteile ersetzt. Das neue, noch weiche Exoskelett wird mit Wasser aufgepumpt, bevor es erhärtet, damit der Krebs später im Innern wachsen kann.

246 Veränderte Wasserbedingungen

Oft wird die Häutung von Krebsen durch eine Veränderung der Wasserbedingungen ausgelöst. Während der Häutung ist der Krebs verletzbar und schlecht geschützt. Darum verstecken sich Krebse meist in dieser Phase so lange, bis der neue Panzer ausgehärtet ist. Allerdings kommt es manchmal zu Häutungsschwierigkeiten, wobei das Tier stirbt, vor allem bei einem Jodmangel.

247 Ersatz-Schneckenhäuser anbieten

Einsiedler probieren gern neue Gehäuse aus, selbst wenn sie dann feststellen, dass sie doch nicht so richtig passen und wieder in ihr altes Haus einziehen. Sie müssen den Krebsen stets eine Reihe leerer Scheckenhäuser anbieten, damit sie in ein größeres umziehen können, falls das erforderlich ist. Andernfalls beginnen die Einsiedler, Artgenossen oder Schnecken umzubringen, um ihnen das Haus zu rauben. Gute Fachhändler halten stets eine Auswahl solcher Schneckenhäuser bereit.

248 Andere aquariengeeignete Krebse

Andere Krebse, die sich für das Aquarium eignen, zählen zur Gattung *Mithrax*. Darin befinden sich auch Arten, die fortwährend im Becken zu sehen sind und sich kaum verstecken, wie eine braun-beige gestreifte Art, die in den USA als „Sally Lightfood Crab" bezeichnet wird.

Tipp 248 Krabben der Gattung *Mithrax* verstecken sich selten.

Wirbellosenhaltung

249 Putzergarnelen

Putzergarnelen (*Lysmata amboinensis* und *L. grabhami*) sind die geeignetsten Garnelen für ein kleineres Aquarium, sofern man nicht gezielt eine andere Art haben möchte. Man kann sie auch paarweise oder in Gruppen halten. Sie betreiben dann, am liebsten unter einem Überhang, eine Putzstation. Außerdem produzieren sie alle paar Wochen Larven, die nachts freigesetzt werden und hervorragende Planktonnahrung darstellen. Sie sind fast fortwährend im Becken zu sehen, und während der Wartungsarbeiten suchen sie auch die Arme des Pflegers nach vermeintlichen Parasiten ab.

Tipp 249 Putzergarnelen (*Lysmata amboinensis*)

250 Pfefferminzgarnelen

Die Pfefferminzgarnele (*Lysmata wurdemanni*) kann in größeren Gruppen gehalten werden. Man kann sie hervorragend gegen Glasrosen (*Aiptasia* sp.) einsetzen, die sie fressen und dadurch kontrollieren. Allerdings müssen es die Richtigen sein, denn Tanzgarnelen (*Rhynchocinetes* spp.) oder andere, oft sehr ähnliche *Lysmata*-Arten tun dies nicht. Tanzgarnelen können sogar sessile Wirbellose anfressen.

251 Kardinalsgarnelen

Kardinalsgarnelen (*Lysmata debelius*) können ebenfalls gruppenweise gehalten werden. Das ist sogar nötig, weil sie allein ein sehr verstecktes Leben führen. Nur in einem nicht allzu hektischen Aquarium, in dem sie auch Artgenossen haben, zeigen sie sich fortwährend. Auch sie produzieren regelmäßig Larven.

252 Gebänderte Scherengarnele

Die gebänderte Scherengarnele (*Stenopus hispidus*) kann für kleine Fische oder Garnelen nachts gefährlich werden, wenn sie sehr hungrig ist. Auch darf man keine gleichgeschlechtlichen Exemplare zusammenhalten. Nur als Paar kann man sie gemeinsam halten. Das allerdings ist außerordentlich reizvoll, weil man bei diesen monogamen Garnelen zauberhafte Hochzeitstänze beobachten kann.

Tipp 250 Pfefferminzgarnele (*Lysmata wurdemanni*)

Wirbellosenhaltung

Tipp 255 Die Gelbe Krustenanemone eignet sich sehr gut für den Riffaquaristik-Einsteiger.

253 Partnergarnelen gehören in ein Wirbellosenbecken

Partnergarnelen (z. B. *Periclimenes* spp.) sind kleine Garnelen, die in einem Wirbellosenbecken gehalten werden müssen und ein passendes Wirtstier (Koralle/Seeanemone) brauchen. Keine garnelenfressenden Fische einsetzen.

254 Der Unterschied zwischen Weich- und Steinkorallen

Weich- und Steinkorallen gehören zur Klasse Anthozoa (Blumentiere), aber Weichkorallen befinden sich in der Unterklasse *Octocorallia*, weil ihre Polypen acht Körpersegmente besitzen. Weichkorallen der Ordnung Alcyonacea weisen ein lederartiges Gewebe auf, in das Kalkkörperchen (Sklerite) eingelagert sind, anhand derer sich einzelne Arten voneinander unterscheiden lassen. Steinkorallen, die ein Skelett aus Kalk bilden, gehören zur Unterklasse Zoantharia, gemeinsam mit Krustenanemonen, Seeanemonen und Scheibenanemonen.

255 Die Gelbe Krustenanemone ist für Einsteiger geeignet

Wenn Sie die Erstbesatz-Koralle mit Bedacht wählen möchten, liegen Sie mit der Gelben Krustenanemone richtig. Sie ist robust, schön gefärbt und preiswert. Obgleich sie Symbiosealgen besitzt, braucht sie kein extrem helles Licht. Man sollte sie zusätzlich mit Artemien oder Mysis füttern – anfangs jeden zweiten oder dritten Tag, später, wenn das Becken reifer ist, täglich.

256 Weitere Anfängerkorallen

Andere Blumentiere, die für Anfänger geeignet sind, wären Scheibenanemonen, Krustenanemonen und „Sternchenpolypen" der Gattung *Briareum*. Sie alle kommen mit der geringeren Beleuchtung aus, die man in der Anfangszeit bevorzugen sollte. Sie sind robust, und obgleich einige Scheiben- und Krustenanemonen gern eine zusätzliche Fütterung annehmen, sind sie nicht darauf angewiesen.

Wirbellosenhaltung

Lederkorallen

257 Unter der Bezeichnung „Lederkorallen" wird eine ganze Reihe sehr aquarienhaltbarer Weichkorallen zusammengefasst. Dazu gehören die Folgenden:

Sarcophyton spp. (Pilz-Lederkorallen), sehr robuste Korallen in Pilzform, die im Aquarium zu enormer Größe heranwachsen können

Sinularia spp. (Fingerkorallen), ebenfalls robuste Korallen, die sich gut im Aquarium halten und zu großen Kolonien heranwachsen können. Eine ungewöhnliche Wuchsform sieht man bei der Art *Sinularia dura,* denn sie wächst blattförmig und unterscheidet sich damit von den übrigen Vertretern der Gattung.

Klyxum spp. (früher als *Cladiella* bezeichnet), sehr weiche Korallen, die bei Belästigung viel schleimiges Sekret produzieren, im Aquarium aber sehr gut wachsen

Cladiella spp., braune Weichkorallen unterschiedlicher Wuchsform, die sich aber bei Belästigung durch das Schließen der Polypen auf charakteristische Weise weiß umfärben.

Tipp 257 Pilz-Lederkorallen *Sarcophyton sp.*

258 Weichkorallen mit Substrat kaufen

Wenn man Weichkorallen kauft, sollte man immer sicherstellen, dass sie auch einen Substratstein besitzen. Eine Weichkoralle ohne Substratstein könnte im Fußbereich Verletzungen haben, und möglicherweise gelingt es nicht, sie im Aquarium dazu zu bringen, am Gestein anzuwachsen.

259 Steinkorallenfragmente sind billiger als ganze Korallen

Steinkorallen sind meist teuer, doch wer Geld sparen möchte, kann sie als kleine Fragmente erwerben. Mit Unterwasser-Epoxydharz auf einen Kalkstein geklebt, wachsen sie im Laufe der Zeit zu einer großen Koralle heran.

Tipp 259 Ein typisches *Acropora*-Fragment

Wirbellosenhaltung

Tipp 260 Ein doppelter Transportbeutel im Zoogeschäft

260 Korallen unter Wasser verpacken

Korallen werden auf ähnliche Weise verpackt wie Fische, doch sollte man immer zwei Plastiktüten verwenden, um zu verhindern, dass der Substratstein den Transportbeutel durchstößt. Auch sollte man sie nicht aus dem Wasser holen, sondern sie unter Wasser in die Tüte bringen.

261 Transportbeutel im Aquarienwasser schwimmen lassen

Wenn Sie neu erworbene Korallen an das eigene Aquarienwasser gewöhnen möchten, lassen Sie den Transportbeutel nicht in Ihrem Aquarium absinken, weil durch den höheren Wasserdruck die Tüte zusammengedrückt wird. Befestigen Sie den Transportbeutel besser mit einer Klemme oder Klammer am oberen Aquarienrand.

262 Neue Korallen einsetzen

Wenn man neue Korallen in das eigene Aquarium einsetzt, sollte man immer im Bodenbereich beginnen, damit sie keinen Lichtschock bekommen. Im Abstand von drei oder vier Tagen kann man sie dann langsam der endgültigen Position annähern.

Tipp 262 Gewöhnen Sie Korallen langsam an starkes Licht.

263 Pilzkorallen der Familie Fungiidae

Korallen der Gattung *Fungia* und Verwandte brauchen kein starkes Licht, so dass sie sich auch in Aquarien mit mäßig starker Beleuchtung gut entwickeln. Auch Licht mit hohen Blauanteilen vertragen sie gut, weil sie nicht direkt aus dem Flachwasser kommen.

69

Wirbellosenhaltung

264 Zwischen den Korallen Platz lassen

Lassen Sie zwischen neu eingesetzten Korallen und den etablierten Aquarienbewohnern immer ausreichend Platz. Bedenken Sie, dass die meisten Korallen permanent versuchen, sich gegenseitig zu verdrängen, und dass auch mit dem Wachstum der Korallen gerechnet werden muss.

265 Krustenanemonen und Sternchenpolypen

Krustenanemonen (Zoanthidae) und Sternchenpolypen (Briareidae) sowie Röhrenkorallen (Clavulariidae) bilden schnell Polypenkolonien. Mit ihrer Hilfe kann man recht große Bereiche des Aquariums überwachsen lassen und es füllen, ohne viel Geld für Korallen ausgeben zu müssen. Bei guten Aquarienbedingungen bilden diese Tiergruppen schnell dicke Polster über dem Dekorationsgestein.

266 Krustenanemonen vermehren

Mit Krustenanemonen erwirbt man eine Tiergruppe, mit der sich leicht mehrere Steine überziehen lassen. Man kann die Polypen auch voneinander trennen und sie an unterschiedlichen Stellen des Aquariums unterbringen. Man kann sie entweder an entgegengesetzten Stellen im Aquarium platzieren, um mehr Kolonien zu erzeugen, oder mit geringem Abstand zueinander, um die ursprüngliche Kolonie zu vergrößern.

267 Sternchenpolypen vermehren

Sternchenpolypen (Briareidae) können ebenfalls leicht vermehrt werden. Diese Polypen wachsen mattenförmig, und oft gelingt es, Teile dieser Matten vom Substrat abzureißen. Man kann sie leicht mit Gummiband an einem Gesteinsbrocken befestigen und an beliebiger Stelle im Aquarium platzieren (siehe auch Tipp 266).

Tipp 265 Sternchenpolypen (*Briareum* sp.) breiten sich im Aquarium aus

Wirbellosenhaltung

Tipp 269 Ein gut eingefahrenes Riffaquarium mit gedeihenden Steinkorallen

268 Korallen belasten nicht das Aquarienwasser

Korallen belasten das Aquarienwasser nicht. Im Gegenteil, jede von ihnen bringt ja mit dem Substratstein einen winzigen „Biofilter" mit, so dass man unbegrenzt Korallen in das Aquarium setzen kann, ohne das Wasser übermäßig zu belasten. Die meisten Aquarianer haben nur begrenzte Summen zur Verfügung, und hier passt es am besten, wenn man alle paar Wochen eine weitere Koralle für sein Aquarium kauft.

269 Steinkorallen nicht zu früh einsetzen

Steinkorallen sollte man frühestens nach sechs Monaten in das Aquarium setzen. Sie brauchen viel Calcium und Karbonate, weshalb man sich genügend Zeit lassen sollte, den Umgang mit Tests zu lernen und diese Substanzen auch zuzuführen. Vorher kann man ausgiebig Erfahrungen mit Weichkorallen sammeln.

270 Unbesiedeltes Substrat

Unbesiedelte Substratfläche ist ein Paradies für Mikroalgen, die zu einer Plage werden können. Erst wenn kleine Korallenfragmente, Kalk-Rotalgen oder andere erwünschte Makroalgen sich auf dem Substrat ausbreiten, ist es einigermaßen sicher vor Mikroalgen. Wenn Sie das Becken mit lebendem Riffgestein eingerichtet haben und dessen Oberflächen besiedelt sind, versuchen Sie auch, Lücken mit unbesiedelter Steinoberfläche noch mit Organismen bewachsen zu lassen. Dazu bringen Sie einfach einige lebende Steine in der passenden Form sowie Korallen ein.

271 Was sind Zooxanthellen?

Zooxanthellen sind einzellige Algen, die im Gewebe der Korallen leben. Wie fast alle Pflanzen verwerten sie Licht und Kohlendioxid, um dabei mit Hilfe der Photosynthese Zucker aufzubauen. Einen Teil der Photosyntheseprodukte geben die Algen dem Wirtstier, das ihnen dafür optimale Lebensbedingungen bietet.

Wirbellosenhaltung

Tipp 272 Steinkorallenarten vor den Malediven

272 Korallen brauchen Platz

Bedenken Sie immer, dass Korallen im Laufe der Zeit wachsen. Setzen Sie Ihre Korallen darum immer mit viel Abstand zueinander ins Aquarium, es sei denn, es handelt sich um dieselbe Art. Lücken zwischen Korallen verschiedener Arten bestehen zu lassen hilft, Verluste zu vermeiden. Große Flächen, die mit derselben Art bewachsen sind, können allerdings auch faszinierend wirken.

273 Korallen sind schön, aber kämpferisch

Korallen führen in der Natur untereinander einen fortwährenden Kampf um das Siedlungssubstrat. Dafür haben sie verschiedene Strategien entwickelt: Sie können ihre Nesselzellen (Nematocysten) bei direktem Kontakt abschießen oder zum indirekten Angriff Schleimsekrete abgeben, die mit Nematocysten oder giftigen Chemikalien beladen sind. Diese indirekten Angriffe können praktisch alle Korallen erreichen, die sich im Aquarium befinden.

274 Kampftentakel

Viele Korallenarten können extrem lange Kampftentakel produzieren, deren Enden mit zahlreichen Nesselzellen bewaffnet sind. Diese Tentakel schwingen in der Wasserströmung umher und vernesseln alles, was in ihrer Reichweite wächst, um das Substrat frei zu machen für das eigene Wachstum und auch, um etwaige Angriffe anderer Organismen von vornherein zu verhindern.

275 Braune Korallen

Eine verstärkte braune Färbung bei Korallen wird durch eine große Dichte von Zooxanthellen hervorgerufen. Das geschieht, wenn die Beleuchtung sehr schwach ist, so dass die Koralle die Zahl ihrer Symbionten erhöht. Es kann aber auch auf die Ansammlung organischer Nährstoffe hinweisen (Nitrat, Phosphat), die eine starke Vermehrung der Algen auslösen. Nährstoffe reduzieren und Lichtmenge erhöhen, dann werden die Farbpigmentationen besser sichtbar.

Wirbellosenhaltung

276 Warum wachsen manche Korallen nicht?

Die meisten Korallenriffaquarien werden mit einer bunten Mischung von Korallenarten besetzt. Das erklärt, warum manche Korallen sich in bestimmten Aquarien einfach nicht etablieren können, obgleich sie eigentlich leicht zu halten sind. Der permanente biochemische Kampf aller Korallen miteinander führt dazu, dass manche Arten zugrunde gehen. Mögliche Gegenmaßnahmen: regelmäßiger, großer Teilwasserwechsel, Filterung über Aktivkohle, gründliche Abschäumung.

277 Nicht alle Steinkorallen brauchen starke Beleuchtung

Viele Exemplare der Gattungen *Euphyllia*, *Physogyra* oder *Plerogyra* mit dunkler Färbung stammen mit großer Wahrscheinlichkeit aus tieferen Zonen oder aus einer trüben Lagune. Darum brauchen solche Korallen keine starken Halogenmetalldampflampen. Diejenigen Exemplare mit fluoreszierenden Färbungen hingegen kommen meist aus flachen Zonen und benötigen auch im Aquarium helle Beleuchtung.

278 Schnellwüchsige Korallen

Schnellwüchsige Korallen können andere überwachsen, sie abschatten und dadurch langsam abtöten. Auch besonders hoch wachsende Korallen können anderen das Licht nehmen. Wenn man das weiß, kann man seine Korallen entsprechend platzieren, so dass schnell und langsam wachsende gut gemeinsam gedeihen.

279 Schwer ernährbare Arten

Nicht symbiotische Korallen wie die kräftig gefärbten Weichkorallen der Gattung *Dendronephthya* sollten Sie nicht kaufen. Die Nahrungsmenge, die nötig wäre, um diese Korallen am Leben zu erhalten, könnte problematisch werden – sowohl ihre Bereitstellung als auch die Folgen für das Aquariensystem. Diese Korallen sollte man Spezialisten überlassen.

Tipp 279 Azooxanthellate, meist plakativ gefärbte Weichkorallen sind schwer zu halten, auch für erfahrene Aquarianer.

Wirbellosenhaltung

280 Tubastrea

Eine Ausnahme stellen die Steinkorallen der Gattung *Tubastrea* dar. Ist man bereit, jeden der Polypen täglich mit Frostfutter zu versorgen, dann wird man mit einer prächtigen Koralle und deutlichem Wachstum belohnt.

Tipp 280 *Tubastrea*-Steinkorallen brauchen tägliche Fütterung.

281 Anemonenfreundliche Steindekoration

Wenn Sie Seeanemonen halten möchten, sollten Sie keine Steinwand an der hinteren Aquarienscheibe aufbauen. Wenn wandernde Seeanemonen sich hinter diese Steinwand begeben, dann werden sie mit einiger Sicherheit an Lichtmangel zugrunde gehen. Besser ist es, im mittleren Teil des Beckens ein oder zwei Riffpfeiler zu bauen und die Rückwand frei zu lassen.

282 Anemonenhaltung ist nicht leicht

Die Haltung von Seeanemonen im Korallenriffaquarium ist nicht ganz einfach. Sie brauchen viel Licht, vertragen sich mit Korallen nicht besonders gut, wandern herum, und manche Arten können sogar Fische fressen. Viele Seeanemonenarten überleben darum im Riffaquarium die ersten sechs Monate nicht.

283 Robuste Seeanemonenarten

Um Erfolg mit Seeanemonen zu haben, sollte man sich auf zwei besonders robuste Arten beschränken: *Entacmaea quadricolor* und *Macrodactyla doreensis*. Entscheiden Sie sich für eine der beiden Arten und richten Sie das Aquarium auf die Bedürfnisse der Anemonen aus. Wenn Sie Entacmaea quadricolor vor Pumpenunfällen und Fressfeinden schützen und sie gut füttern, wird sie sich vermehren und neue Anemonen erzeugen.

Tipp 283 Blasenspitzen-Anemone (*Entacmaea quadricolor*)

Wirbellosenhaltung

Tipp 282 Nicht alle Seeanemonen für Clownfische sind pflegeleicht.

284 Pumpen- und Heizungsunfälle von Seeanemonen

Die größten Feinde der Seeanemonen sind Heizstäbe und Pumpeneinlaufrohre. Wenn Sie im Aquarium einen Heizstab benötigen, sollten Sie ihn mit einem Schutzrohr betreiben. Und auf alle Pumpenansaugstutzen gehört ein Schaumstoff-Vorfilter, der verhindert, dass die Anemonen angesaugt werden können.

285 Keine großen Futterpartikel

Reichen Sie einer Seeanemone keine zu großen Futterpartikel. Sie nimmt sie zwar, stößt sie später aber teilverdaut wieder aus, so dass das Becken unnötig belastet wird. Passend wäre die Größe adulter Mysis-Schwebegarnelen oder Artemien. In der Natur würden Fische der Anemone ohnehin jeden größeren Nahrungsbrocken stehlen.

286 Anemonen haben Waffen

Wenn Sie Seeanemonen in das Aquarium setzen, bedenken Sie, dass nicht alle deren Nähe schätzen. Vergesellschaften Sie auch nicht unterschiedliche Seeanemonenarten, weil sie sich gegenseitig mit ihren Nematocysten, den Nesselzellen, schädigen, auch ohne direkten Kontakt.

287 Schnecken aus der Gezeitenzone

Vorsicht mit algenfressenden Schnecken aus der Gezeitenzone. Zwar sind diese grundsätzlich sehr nützliche Herbivore, aber sie müssen regelmäßig aus dem Wasser heraus. Wenn sie über die Wasseroberfläche kriechen, kann es passieren, dass sie vergeblich auf die „Flut" warten und vertrocknen.

Wirbellosenhaltung

288 Riesenmuscheln

Riesenmuscheln und andere Muschelarten können sich fortbewegen. Stellen Sie darum sicher, dass sie absturzsicher platziert sind. Fällt beispielsweise eine Riesenmuschel kopfüber mit dem Mantellappen auf eine nesselstarke Koralle, dann kann das für sie ernste Folgen haben. Manche Riesenmuscheln filtern planktonische Organismen aus dem Wasser, um ihre Nahrung zu ergänzen, doch Sie sollten niemals versuchen, eine Riesenmuschel direkt zu füttern.

289 Röhrenwürmer

Eine interessante Tiergruppe für Dämmerzonen des Aquariums sind Lederröhrenwürmer (Sabellidae). Sie sind durchaus nicht ganz so leicht zu halten wie manche meinen, aber in einem gereiften Riffaquarium mit gelegentlicher Fütterung von Phytoplankton und Nanoplankton können sie sich gut entwickeln. Vergraben Sie den unteren Teil der Röhre im Bodengrund.

290 Stachelhäuter

Ein neu eingerichtetes Riffaquarium enthält für viele Stachelhäuter wie Seesterne nicht genug Nahrung. Selbst wenn es gereift ist, braucht ein Becken eine gewisse Mindestgröße, um Stachelhäuter zu ernähren. Setzen Sie Seesterne und andere Echinodermaten darum nur ein, wenn das Becken auch genug Nahrung produziert.

291 Seesterne und Schlangensterne

Vermeiden Sie, Seesterne und Schlangensterne aus dem Wasser zu nehmen, denn an der Atmosphäre werden einige Arten schwer geschädigt. Nehmen Sie sich viel Zeit, sie an Wasser mit einem anderen Salzgehalt zu gewöhnen. Das gilt für alle Stachelhäuter. Reichen Sie Seesternen wenigstens einmal pro Woche eine geeignete Nahrung, sonst werden sie bald verhungern.

Tipp 289 Lederröhrenwürmer sind ideal für Dämmerzonen im Aquarium.

Wirbellosenhaltung

Tipp 292 *Diadema*-Seeigel haben spitze Stacheln.

292 Seeigelstiche

Seeigel können den Aquarianer verletzen. Seeigelstiche gehören zu den schmerzhaften Erfahrungen im Meerwasseraquarium. Wann immer Sie in Ihr Aquarium hineingreifen, Sie sollten immer wissen, wo sich Ihre Seeigel befinden.

293 Seeigel sicher transportieren

Seeigel zu transportieren ist nicht einfach. Verwenden Sie am besten einen Becher in passender Größe aus lebensmittelechtem Kunststoff, um damit den Seeigel im Aquarium zu fangen, und setzen Sie ihn dann unter Wasser in einen geeigneten Transportbehälter (z. B. Plastikeimer).

294 Schonende Anpassung

Einige Wirbellose, z. B. Stachelhäuter und Mollusken, können auf Dichteveränderungen sehr empfindlich reagieren. Gleichen Sie die Salzdichte darum immer sehr langsam an, bei Seesternen nicht unter zwei Stunden.

295 Schwämme unter Wasser lassen

Nehmen Sie Schwämme niemals aus dem Wasser heraus. Dabei kann Luft in die Poren gelangen und sie verstopfen. Auch sollten Schwämme nicht so platziert werden, dass sie einen Überzug aus Sedimenten bekommen. Blaue und violette Schwämme besitzen symbiotische Bakterien und benötigen Licht.

Tipp 295 Violette Schwämme brauchen helle Beleuchtung.

Wirbellosenhaltung

296 Artenvielfalt im Riffaquarium

Ein gesundes Riffaquarium beherbergt eine große Artenvielfalt. Viele kleine Wirbellose kommen unbemerkt mit dem Lebendgestein in das Becken. Versuchen Sie, über jedes entdeckte Tier möglichst viel zu erfahren, um zu beurteilen, ob es schädlich ist oder nicht. Allgemein kann man sagen, dass ein Riffaquarium umso gesünder ist, je größer die darin lebende Artenvielfalt ist.

297 Räuberische Krabben

Viele Krabben gelangen mit dem Lebendgestein unbemerkt in das Aquarium. Die Artenzahl ist zu groß, um sie hier zu beschreiben, doch generell kann man sagen, dass die meisten räuberischen Krabben rote Augen haben, so dass man als Faustregel sagen kann, es sollten alle Exemplare mit roten Augen entfernt werden. Das Gleiche gilt für haarige Krabben (z. B. *Pilumnus* spp.).

Tipp 297 Die Krabbe *Eriphia* sp. ist oft im Riffaquarium anzutreffen.

298 Krabbenfalle

Wenn Sie unsicher sind, ob eine bestimmte Krabbe schädlich ist oder nicht, fangen Sie das Tier einfach mit einer kommerziell erhältlichen Krabbenfalle heraus, oder nehmen Sie ein hohes Trinkglas, das Sie zwischen die Steine stellen, mit einem Stück Fisch als Beute bestückt. Nach der kostenlosen Mahlzeit in Falle oder Trinkglas kann die Krabbe dann nicht mehr entkommen, und Sie können das Tier in Ruhe betrachten, um sein Verhalten zu erkennen und zu entscheiden, ob es entfernt werden soll oder nicht.

Tipp 299 *Mithrax*-Krabben sind meist nützlich.

299 *Mithrax*-Krabben

In den meisten Korallenriffaquarien mit Lebendgestein befinden sich Krabben der Gattung *Mithrax*. Sie ernähren sich hauptsächlich von Makroalgen und sind darum nützlich. Man erkennt sie an ihren kräftigen Scheren mit den löffelähnlich verbreiterten Enden. Dieses Merkmal teilen sie mit den Vertretern der Gattung *Mithraculus*, die von vielen Aquarianern gezielt zur Algenkontrolle eingesetzt werden. Doch es gibt wohl kaum Krebse, die eine leichte und proteinreiche Zusatzmahlzeit ablehnen. Wenn sie also Gelegenheit haben, beispielsweise die Reste eines toten Fisches zu ergattern, tun sie es meist.

Wirbellosenhaltung

Tipp 300 Foraminiferen auf Lebendgestein, hier *Homotrema rubrum*

300 Foraminiferen und Tanaiden

Wenn Sie Ihr Aquarium mit Lebendgestein ausstatten, werden Sie bald die Vermehrung vieler Organismen erleben. Einzeller, als Foraminiferen bezeichnet, erscheinen, auch winzige Krebse aus der Unterordnung Tanaidacea. Diese Populationen werden zu- und abnehmen, während das Becken reift.

301 Amphipoden als Nahrung

Amphipoden sind kleine Crustaceen, die sich vor allem in Sedimenten aufhalten und vermehren. Sie sind im Riffbecken sehr vorteilhaft, nicht nur, weil sie Detritus verwerten, sondern auch, weil sie manchen Fischen als Nahrungsgrundlage dienen, z. B. dem Mandarinfisch und seinen Verwandten (*Synchiropus* spp.).

302 Knallkrebs oder Fangschreckenkrebs?

Zwei Krebse, die oft miteinander verwechselt werden, sind der Knallkrebs und der Fangschreckenkrebs. Knallkrebse verwenden eine ihrer Scheren, um einen pistolenähnlichen Knall zu erzeugen, sind im Riffbecken aber meist harmlos. Fangschreckenkrebse hingegen sind sehr räuberisch und sollen angeblich auch eine Glasscheibe zertrümmern können. Ein Fangschreckenkrebs sollte definitiv aus dem Aquarium entfernt werden. In einem Artenbecken ist er jedoch ein hochinteressanter Pflegling.

303 *Stomatella*-Schnecken

Diese kleinen, nacktschneckenähnlichen Mollusken kommen oft unbeabsichtigt mit Lebendgestein in das Aquarium. Man erkennt sie an der kleinen Schale auf dem Rücken und an ihrer Eigenschaft, das Körperende einem Feind zu opfern, um selbst zu fliehen. Sie sind harmlose, im Riffbecken sehr willkommene Algenfresser.

Tipp 303 *Stomatella*-Schnecken sind gute Algenfresser.

Wirbellosenhaltung

304 Heliacus-Gehäuseschnecken

Manche Tiere müssen sich ihrem Wirt, auf dem sie leben und dessen Gewebe sie fressen, nicht anpassen, um sich zu verstecken. Die Gehäuseschnecken der Gattung Heliacus haben sich auf Krustenanemonen spezialisiert. Kontrollieren Sie daher vor dem Kauf einer Krustenanemonenkolonie gründlich, ob sich zwischen den Polypen nicht eine solche Schnecke befindet, denn sie könnte diese und weitere Kolonien ruinieren.

Tipp 304 Heliacus-Gehäuseschnecken müssen von Krustenanemonen entfernt werden.

305 Euplica-Gehäuseschnecken

Die kleinen Gehäuseschnecken der Gattung Euplica sind im Riffaquarium sehr hilfreich, weil sie Bakterien- und Algenrasen von den Scheiben fressen. Meist gelangen sie unbemerkt mit Lebendgestein in das Aquarium und vermehren sich dort. Meist bleibt ihr Gehäuse unter 10 mm Größe. Sie produzieren an der Aquarienscheibe Eigelege, aus denen bald junge Schnecken schlüpfen.

306 Borstenwürmer

Bisher sind mehr als 9.000 Arten von Polychaeten beschrieben. Die frei lebenden Arten bezeichnen Aquarianer gewöhnlich als Borstenwürmer. Nur ein sehr kleiner Prozentsatz dieser Würmer ist für Fische oder Wirbellose gefährlich. Der weitaus überwiegende Teil erfüllt im Aquarium eine nützliche Reinigungsfunktion. Allerdings sollte man sie nicht ohne Hautschutz anfassen.

307 Nacktschnecken – Meister der Tarnung

Parasitäre Nacktschnecken haben ihr Äußeres meist perfekt an die Korallen angepasst, auf denen sie leben. Eine der verbreitetsten ist wohl Tritoniopsis elegans, die auf Weichkorallen (Klyxum, Cladiella, Sarcophyton, Lobophytum) parasitiert. Wenn Korallen dieser Gattungen sich tagsüber nicht vollständig öffnen, sollte man die Basis und Unterseite des Substratsteines nach parasitären Nacktschnecken absuchen.

Tipp 307 Tritoniopsis-Nacktschnecke auf Krustenanemonen der Gattung Zoanthus

308 Parasitierende Schnecken auf Seesternen

Der Blaue Seestern (Linckia laevigata) ist bei Aquarianern sehr beliebt, doch bei seinem Kauf erhält man bisweilen mehr als erwartet. Auf der Oberseite dieser und anderer Seesternarten findet man manchmal die Schnecke Thyca cristallina, die sich vom Gewebe des Wirtes ernährt. Entfernt man sie, bleibt eine Narbe, doch der Seestern kann sich wieder erholen.

Wirbellosenhaltung

Tipp 309 Plattwürmer der Klasse Turbellaria auf einer Scheibenanemone der Gattung *Discosoma*

309 Turbellarien verschwinden oft von selbst

Die rostbraun-roten Plattwürmer aus der Klasse Turbellaria, die meist fälschlich als „Planarien" bezeichnet werden (siehe Tipp 209), stellen in manchen Riffaquarien ein Problem dar, weil sie sich ungeschlechtlich vermehren und durch Symbiosealgen das Licht photosynthetisch verwerten können. Sie aus dem Aquarium zu entfernen, kann schwierig sein. Die Nacktschnecke *Chelidonura varia* frisst diese Turbellarien, kann aber die Plagegeister nicht ganz ausrotten. Oft hilft einfach nur Geduld, denn vielfach verschwinden die Plattwürmer irgendwann von selbst.

310 Asterina-Seesterne

Seesterne der Gattung *Asterina* bleiben kleiner als 10 mm Durchmesser und vermehren sich oft in Riffaquarien. Meist gelangen sie mit dem Lebendgestein hinein. Sie vermehren sich ungeschlechtlich durch Teilung und ersetzen dann die verlorenen Beine. Es gibt auch einige ähnliche Gattungen, doch die genaue Bestimmung ist schwierig. Sie ernähren sich von Algen- und Bakterienrasen. Da sie auch nekrotisches, abgestorbenes Korallengewebe fressen, hat man sie oft zu Unrecht beschuldigt, Korallenfresser zu sein.

311 Echinometra-Seeigel

Kleine Seeigel der Gattung *Echinometra* kommen gelegentlich unbemerkt in das Aquarium. Manche haben gerade die Größe einer Erbse. Allerdings sind sie sehr schnellwüchsig und entwickeln einen großen Appetit auf Algen, darunter auch Kalkalgen. Sind sie hungrig, können sie auch gelegentlich Korallen umwerfen. Wenn man damit leben kann, sollte man sie im Aquarium lassen.

312 Pfefferminzgarnelen

Glasrosen, kleine Seeanemonen der Gattung *Aiptasia*, vermehren sich in Aquarien oft unkontrollierbar. Versuchen Sie niemals, sie mechanisch zu entfernen, weil sich aus solchen Versuchen oft eine Massenvermehrung entwickelt. Verwenden Sie lieber Mittel, die der Fachhandel bereithält, oder setzen Sie Pfefferminzgarnelen (*Lysmata wurdemanni*) ein, die Glasrosen fressen.

Tipp 312 Glasrosen der Gattung *Aiptasia* sollte man vorsichtig entfernen.

Verträglichkeit

Tipp 315 Zum Beobachten von Korallenfischen und Wirbellosen sollte man sich Zeit nehmen.

313 Verträglichkeit ist wichtig

Verträglichkeit ist beim Einrichten eines Riffaquariums besonders wichtig. Das Ziel ist, eine harmonische Riff-Lebensgemeinschaft zusammenzustellen, in der keiner der Beteiligten einen anderen schädigt. Verträglichkeitsprobleme gibt es nicht nur unter Fischen. Mit jedem neuen wirbellosen Organismus, den man in das Aquarium setzt, stellt sich eine Fülle von Fragen. Viele Fische ernähren sich von Wirbellosen. Doch es gibt auch Wirbellose, die sich von Fischen ernähren, beispielsweise Fangschreckenkrebse, Zylinderrosen, große Einsiedlerkrebse oder Riesen-Scheibenanemonen.

314 Beratung durch den Fachhändler

Wenn Sie irgendwelche Zweifel an der Verträglichkeit eines Fisches haben, fragen Sie Ihren Fachhändler. Erstellen Sie am besten eine Liste der Fische, die Sie im Aquarium haben, und fragen Sie gezielt nach der Verträglichkeit Ihrer gewünschten Neuanschaffung. Selbst wenn die Antwort des Fachhändlers nicht ein klares Ja oder Nein ist, werden Sie durch diese Beratung viele nützliche Informationen bekommen.

315 Planen Sie voraus

Viele Aquarianer berücksichtigen bei der Frage, ob sie ein bestimmtes Tier für ihr Becken erwerben sollen, nur die Frage, ob es darin überleben wird. Denken Sie langfristiger, denn bestimmte Tiere, die Sie anfangs aus Mangel an Erfahrung in Ihr Aquarium gesetzt haben, werden später vielleicht andere Tiere, die Sie gern hätten, ausschließen.

316 Belebter Aquarienstandort

Denken Sie bei dem Begriff „Verträglichkeit" nicht nur an das Verhalten der Fische untereinander oder die Korallenverträglichkeit eines Fisches. Allein ein belebter Standort eines Aquariums an einem Durchgang kann dazu führen, dass sich scheue Fische permanent verstecken. Andere Arten mögen eher dazu in der Lage sein, sich daran anzupassen, so dass sie für ein solches Becken die bessere Wahl wären.

Tipp 313 Fangschreckenkrebse fressen Aquarienfische.

Verträglichkeit

Tipp 319 *Acanthurus leucosternon* ist im Aquarium kein unproblematischer Fisch.

317 Größe, Form und Färbung

Korallenfische sind eine recht konfliktfreudige Gesellschaft, vor allem in den engen Grenzen eines Aquariums. Besonders heftig werden Auseinandersetzungen meist zwischen Fischen ähnlicher Größe, Körperform und Färbung bzw. Farbmusterung sein. Auch eine enge Verwandtschaft zwischen einzelnen Arten führt oft zu Unverträglichkeit.

318 Verhalten ist nicht vorhersagbar

Einzelne Exemplare einer Art können Verhalten entwickeln, das auch einem Experten neu ist. Selbst erfahrene Fachhändler können nur ein ungefähres Bild von dem Verhalten eines Fisches bieten. Entwickelt es sich anders als erwartet, nehmen die meisten Fachhändler einen solchen Fisch wieder zurück. Doch man sollte ihnen keinen Vorwurf machen. Ein erfahrener Aquarianer wird ungewöhnliches Verhalten eines Fisches nur kommentieren mit: „C'est la vie".

319 Manche Fische haben einen „guten Leumund"

Manche Fische haben unverdientermaßen einen guten Ruf als friedliche Aquarienbewohner. Auch in der aquaristischen Fachliteratur wird die Tendenz zu aggressivem Verhalten nicht immer widergespiegelt. Ein Beispiel dafür ist , über dessen Aggressionspotenzial nicht jedes Fachbuch ausreichend informiert. Hier kann es hilfreich sein, den Rat langjähriger Aquarianer zu suchen, die mit der gewünschten Fischart bereits Erfahrungen haben.

320 „Kompatibilität" kann Zusammenleben erfordern

Bei dem Gedanken an „Kompatibilität" denken wir vornehmlich an Unverträglichkeiten. Doch manche Arten sind so „kompatibel", dass sie sich regelrecht brauchen. Einige Fische suchen die Nähe bestimmter anderer, weil deren Fressverhalten für sie Nahrung bereitstellt. Lippfische schwimmen beispielsweise oft im Gefolge von Drückerfischen, die beim Fressen meist Bodengrund mit winzigen Wirbellosen aufwühlen. Solche Tischgemeinschaften sind in der Natur weit verbreitet.

Verträglichkeit

321 Fressgewohnheiten und Verträglichkeit

Bei der Überlegung, ob ein bestimmter Fisch korallenverträglich ist oder nicht, muss man oft zwischen Weich- und Steinkorallen unterscheiden. In manchen Fällen muss man sogar noch mehr ins Detail gehen. *Chaetodon semilarvatus* beispielsweise schädigt Weichkorallen der Gattungen *Cladiella* oder *Sinularia* nicht. Andere Weichkorallengattungen hingegen gehören zur Nahrung dieser Fischart.

Tipp 323 Gelbe und blaue Doktorfische der Gattung *Zebrasoma* (*Z. flavescens*, *Z. xanthurum*) im gleichen Aquarium

322 Territoriale Arten gleichzeitig einsetzen

Will man territoriale Fische in das Aquarium setzen, dann ist es oft der beste Weg, sie gleichzeitig einzubringen, vorausgesetzt, das Aquarium wird dadurch nicht überlastet. Der Vorteil liegt darin, dass die Kontrahenten im Moment der Begegnung noch kein Territorium haben, das sie verteidigen könnten.

323 Territoriale Arten nacheinander einsetzen

Wenn Sie zwei territoriale Arten nicht gleichzeitig einsetzen können, dann sollten Sie von einer der beiden Arten erheblich kleinere Individuen wählen. Setzen Sie zunächst eine der beiden Arten ein, gefolgt von besonders kleinen Exemplaren der anderen Art. Ein Beispiel dafür sind die blauen *Zebrasoma xanthurum* und die kleineren *Z. flavencens*.

324 Aggression unter „kompatiblen" Arten

Trotz aller Bemühungen, Aggressionen zu vermeiden – auch bei „kompatiblen" Arten kann es eine Weile dauern, bis die Exemplare miteinander zurechtkommen. Nach dem Einsetzen eines neuen Fisches zeigen die eingewöhnten Fische oft Aggressionen gegen den Neuankömmling. Das sollte man aus einiger Entfernung beobachten und nur eingreifen, wenn es wirklich gefährlich wird. Der neu eingesetzte Fisch ist noch recht verletzbar und muss sich auch erst noch an die Wasserbedingungen gewöhnen. Nach einigen Stunden glätten sich die Wogen aber meist, vorausgesetzt, die Artwahl war richtig (siehe auch Tipp 182).

Tipp 321 *Chaetodon semilarvatus*

Verträglichkeit

Tipp 325 *Pseudochromis*-Arten, hier *P. diadema*, schädigen Korallen nicht, können aber kleine Garnelen fressen.

325 Unverträglichkeit mit Wirbellosen

Wenn Sie einen bestimmten Fisch in ein Riffaquarium setzen möchten, sollten Sie bedenken, dass die „Kompatibilität" mit Korallen nicht unbedingt auch Harmonie mit anderen Wirbellosen bedeuten muss. Bestimmte *Pseudochromis*-Arten sind beispielsweise harmlos für Korallen, können aber für winzige Garnelen durchaus gefährlich werden.

326 Geben Sie den Korallen viel Platz

Das Korallenriff ist ein Kriegsschauplatz. Korallen führen untereinander mit biochemischen Waffen eine Auseinandersetzung um den verfügbaren Platz. Manche Korallen setzen sogar ihre Verdauungsorgane ein, um das Gewebe des Raumkonkurrenten zu zersetzen. Gibt man den Korallen jedoch ausreichend Raum, dann werden solche Auseinandersetzungen weitgehend vermieden. Darum sollte man auch immer langfristig denken, wenn man eine Koralle einsetzt, und genug Abstand einplanen.

327 Seeanemonen und Fische

Wenn Sie Seeanemonen halten, sollten Sie immer bedenken, dass diese für Fische eine Gefahr darstellen können – wenn man Teppichanemonen (*Stichodactyla haddoni*) hält, sogar auch für Clownfische. Manche Fische und Wirbellose sind in einem Artenbecken besser aufgehoben als in einem Gesellschaftsbecken.

328 Die passende Wirtsanemone wählen

Wirtsanemone ist nicht gleich Wirtsanemone. Wenn Sie für Ihre Clownfischart diejenige Wirtsanemonenart auswählen, mit der sie auch in der Natur lebt, dann haben Sie viel dafür getan, dass diese Symbiosebeziehung auch im Aquarium entsteht. Manche Clownfischarten akzeptieren jede Wirtsanemonenart, doch andere sind wählerischer (siehe auch Tipp 160).

Verträglichkeit

329 Clownfische und Anemonengarnelen

Clownfische tolerieren oft kein anderes Tier, das symbiotisch mit der Seeanemone lebt. Wenn Sie ein paar Anemonenfische in das Aquarium setzen, in eine Wirtsanemone, in der bereits ein Porzellankrebs (*Neopetrolisthes* sp.) oder eine Anemonengarnele (*Periclimenes* sp.) leben, dann ist es sehr wahrscheinlich, dass Sie anschließend ein heimatloses Krebstier haben, das im ungünstigen Fall von Fischen gefressen wird.

Tipp 329 Partnergarnele (*Periclimenes* sp.)

330 Schlangensternarten mit Bedacht wählen

Bestimmte Arten von Schlangensternen sollten nicht in Aquarien mit kleinen Fischen gesetzt werden. Der grüne Schlangenstern (*Ophiarachna incrassata*) beispielsweise fängt kleine Fische, wenn er nicht regelmäßig gefüttert wird, sondern ausgehungert ist. Andere, meist kleiner bleibende Schlangensternarten, z. B. *Ophiolepis* spp. und *Ophiothrix* spp., sind jedoch als Resteverwerter im Riffaquarium sehr hilfreich.

331 Diadem-Seeigel im Riffaquarium

Sind Diademseeigel für ein Riffaquarium geeignet? Es mag sehr reizvoll erscheinen, einen kleinen Diademseeigel (*Diadema setosum*) in das Riffbecken zu setzen, doch diese Tiere wachsen rasch auf einen „Stacheldurchmesser" von nahezu 60 cm heran. Dann entwickeln sie mangels passender Algennahrung nicht nur großen Appetit auf Kalkalgen, sondern räumen bisweilen auch das Aquarium um. Bevor man sie kauft, sollte man also gründlich überlegen, ob man sie tatsächlich langfristig im Aquarium haben möchte.

332 Kofferfische und Putzerlippfische

Langsam schwimmende Kofferfische, z. B. *Lactoria cornuta* oder *Tetrasomus gibbosus*, können im Aquarium ein ganz spezielles Problem haben, das oft übersehen wird: Putzerfische (*Labroides dimidiatus* oder *Gobiodon evelinae*) treiben sie regelrecht zur Verzweiflung. Halten Sie diese Arten niemals zusammen, sonst riskieren Sie ständig die Freisetzung des tödlichen Giftstoffes, den die Kofferfische zur Selbstverteidigung besitzen. Kofferfische sollte man nur im Artenbecken halten.

Tipp 330 Schlangensterne der Gattung *Ophiolepis* sind nützliche Resteverwertiger.

Verträglichkeit

Tipp 333 Die Zitronengrundel (*Gobiodon citrinus*) und andere *Gobiodon*-Arten besitzen eine natürliche Abwehr gegen Fressfeinde.

333 Parasitenabwehr bei Gobies

Gobies der Gattung *Gobiodon* können mit den meisten kleineren Korallenfischen zusammen gehalten werden, weil sie sich durch ein Schleimsekret schützen, das als Fraßhemmstoff wirkt.

334 Unterschiedliche Grundelarten

Viele Arten bodenlebender Gobies werden angeboten. Versuchen Sie nicht, unterschiedliche Arten zu vergesellschaften. Zwar gibt es Ausnahmen, wie verschiedene *Stonogobiops*-Arten, doch die meisten der grabenden Grundeln sind extrem territorial und verteidigen ihr Revier mit großer Heftigkeit.

335 Raubfisch-Aquarium

Versuchen Sie nicht, ohne ausreichende Kenntnisse ein Raubfisch-Aquarium einzurichten. Manch ein Rotfeuerfisch ist trotz seines Giftes schon einer Muräne zum Opfer gefallen, und eine unterschiedliche Wachstumsrate der einzelnen Bewohner kann dazu führen, dass ein „Gleichgewicht des Schreckens" nur vorübergehend ist.

336 Adultgröße beachten

Man kann einen Raubfisch als Jungtier in einem Gesellschaftsbecken halten, doch sobald er so groß geworden ist, dass bestimmte andere Aquarienbewohner in sein Beuteschema passen, wird er sie auch fressen. Darum sollte man immer die Adultgröße kennen, bevor man einen Raubfisch kauft.

Fütterung

337 Dem Fisch aufs Maul geschaut

Verfüttern Sie Fischen nichts, das für sie unnatürlich wäre. Die Position des Mauls verrät, in welcher Höhe sie normalerweise fressen: Ist das Maul oberständig, fressen sie von der Wasseroberfläche, ist es mittig, im Freiwasser, ist es aber unterständig, nehmen sie Nahrung vom Boden auf. Langschnäuzige Fische sind Spaltenpicker, und die barteltragenden Meerbarben suchen ihre Nahrung im Bodengrund.

Bezahnung und Maulform des Juwelen-Zackenbarsches (*Cephalopolis miniata*) zeigen eindrucksvoll, dass er ein Raubfisch ist.

338 Fress-Strategien

Versuchen Sie, die unterschiedlichen Nahrungsaufnahme-Strategien zu erkennen, damit Sie Ihre Fische artgerecht füttern können. Ihre Fische können zu Korallenpolypenfressern oder Algenfressern gehören, sich von Schwämmen ernähren oder den Myriaden anderer Lebensformen, die sie in den Spalten des Riffgesteins finden. Fische – sowohl große als auch kleine – können Räuber sein, die andere Organismen fressen, vom Plankton bis zu anderen Fischen. Manche Fische sind auch omnivor und fressen, was immer sich anbietet. Einige Drückerfische treiben die omnivore Ernährungsweise auf die Spitze und versuchen sogar, Filter, Kabel und andere Gegenstände im Aquarium zu verzehren. Manche sind spezialisierte Fresser, die große Mengen kleinster Nahrungspartikel brauchen, andere sind Lauerjäger und fressen nur ein oder zwei Mal pro Woche.

339 Abwechslungsreich füttern

Korallenfische natürlich zu ernähren und ihnen alle lebensnotwendigen Vitalstoffe zu geben, ist unabdingbar für ihre Gesundheit. Die Nahrung hat direkten Einfluss auf Erscheinungsbild, Färbung, Wuchs, Krankheitsabwehr, Fortpflanzung und Allgemeinbefinden der Fische. Ihre Nahrung muss alle essenziellen Bestandteile der Proteine, Fette, Kohlenhydrate, Mineralstoffe und Vitamine enthalten. Verwenden Sie kein Fischfutter, das für Süßwasser- oder Kaltwasserfische gemacht wurde, es könnte zu viel Fett enthalten. Meeresfische brauchen ein proteinreiches (40–60 %), aber fettarmes (5–10 %) Futter. Ein Zuviel kann hier ebenso schädlich sein wie ein Zuwenig. Füttern Sie abwechslungsreich.

Marine Mischung

Verschiedene marine Wirbellose und Fische

Garnelen — Viele wild gefangene Futtertiere sind zur Keimtötung bestrahlt.

Muscheln — Werden von vielen Korallenfischen gern gefressen

Krill — Nahrhaft für Großfische, zerkleinert auch für kleine

Kleinfische — Passende Happen für größere Fische

Fütterung

340 Frostfutter ist optimal

Frostfutter ist mit Abstand das populärste und auch geeigneteste Futter für Korallenfische. Zahlreiche Sorten aus unterschiedlichsten Quellen stehen zur Verfügung, einschließlich Futterarten, die für Problemorganismen hergestellt wurden, angereichert mit HUFAs (hochungesättigten Fettsäuren), und Futtersorten, die bestrahlt wurden, um ihre Parasitenfreiheit zu garantieren. Bedenken Sie, dass Frostfutter schon fünf Minuten nach dem Auftauen Zeichen bakterieller Zersetzung entwickeln kann.

Frostfutter wird oft in Blisterpacks angeboten. Einfach die benötigte Menge entnehmen.

Lassen Sie Frostfutter vor dem Verfüttern auftauen, damit die Fische kein Eis fressen.

Tipp 343 Lebende, adulte Artemien sind ein gutes Anfangsfutter

341 Geschlossene Aufbewahrungsbehälter

Verwahren Sie Frostfutter immer in geschlossenen Behältern, um Gefrierbrand (Gefriertrocknung) zu vermeiden. Auch der Kontakt mit Lebensmitteln wird dadurch vermieden. Behälter sorgfältig beschriften.

342 Fettfilm durch Frostfutter

Manche Frostfuttersorten produzieren auf der Wasseroberfläche des Aquariums einen Fettfilm. Man kann ihn entfernen, indem man einen Streifen Löschpapier langsam über die Wasseroberfläche zieht. besser ist es aber, das Futter vorher gründlich zu spülen, damit solche Fette fortgeschwemmt werden.

343 Artemien als Futter?

Artemien sind als Anfangsfutter für alle Korallenfische geeignet, weil sie gerne genommen werden. Allerdings brauchen die meisten Arten mehr Nährstoffe, als Artemien bieten können, selbst wenn man sie vor dem Verfüttern anreichert. *Mysis*-Schwebegarnelen sind erheblich besser geeignet, denn sie sind deutlich fettreicher und verhindern die Gewichtsabnahme, die bei einer ausschließlichen *Artemia*-Ernährung unvermeidbar ist.

344 Was bedeutet Gamma-Bestrahlung?

Die Gamma-Bestrahlung ist ein Weg, die Nahrung so keimfrei zu machen, dass sie für die Fische unbedenklich ist. Gammastrahlen sind eine Form elektromagnetischer Energie, ähnlich wie Mikrowellen, nur stärker. Sie kann Elektronen aus den Atomen herauslösen, was jede DNA zerstört, so dass etwa vorhandene Parasiten zuverlässig abgetötet werden. So behandeltes Futter ist absolut ungefährlich und emittiert keinerlei restliche Strahlung.

Fütterung

345 Süßwasser-Lebendfutter für Meeresfische?

Obgleich die meisten Lebendfutter-Tiere aus dem Süßwasser im Meerwasser lange genug leben, um für die Fische als Nahrung attraktiv zu sein, sollte man sich möglichst auf marine Futterarten beschränken.

346 Pflanzliche Zusatznahrung

Viele Korallenfische brauchen pflanzliche Nahrung. Zwar gibt es auch pflanzlich angereichertes Frostfutter, aber einige Fischarten benötigen gezielt pflanzliche Zusatznahrung. Marine Makroalgen sind die natürlichste Pflanzennahrung. Man kann sie direkt im Aquarium oder in einem separaten Algenbecken ziehen. Am einfachsten lassen Sie dort die Algen auf Steinen wachsen, die Sie dann zum Abfressen in das Hauptaquarium legen, um sie anschließend wieder im Algenbecken bewachsen zu lassen.

Tipp 347 Befestigen Sie getrocknete Algen an einer Klammer

Flocken- und Granulatfutter

Artemien in Flockenform

Hochwertiges Flockenfutter enthält viele der Vitamine, die die meisten Korallenfische regelmäßig benötigen.

Schnell sinkendes Granulatfutter stellt sicher, dass auch bodenlebende Fische Nahrung erhalten.

347 Getrocknete Meeresalgen

Herbivore Korallenfische brauchen stets pflanzliche Nahrung. Sie sind permanent dabei, Algen vom Substrat zu zupfen. Ergänzen Sie die im Aquarium wachsenden Algen mit getrockneten Meeresalgen. Viele Arten werden kommerziell angeboten, und man sollte versuchen, herauszufinden, welche Sorten die eigenen Fische am liebsten fressen.

348 Vertrauter Futterplatz

Wenn Sie Makroalgen aus einem anderen Becken verfüttern, können diese mit Hilfe einer Klammer gereicht werden, die mit einem Saugnapf an der Aquarienscheibe befestigt ist. Notfalls reicht dazu auch ein Magnetscheibenreiniger. Das verhindert, dass die Algen im Aquarium umhertreiben.

Fütterung

349 Futtersorten abwechseln

Sie sollten unterschiedliche Futtersorten reichen, um Mangelerscheinungen zu vermeiden. Zwar sind moderne Futtermittel sehr vielseitig zusammengesetzt, aber selbst kleine Unterschiede zwischen den einzelnen Herstellern können für die Fische bedeutsam sein. Wenn Sie wöchentlich Frostfutter kaufen, wechseln Sie zwischen unterschiedlichen Produkten und Herstellern, um so vielseitig wie möglich zu füttern.

350 Phytoplankton

Phytoplankton wird immer als Beginn der Nahrungskette bezeichnet, als Basis des Lebens im Meer, und die gleiche Rolle spielt es auch im Riffaquarium. Mit Phytoplankton füttern Sie nicht einzelne Tiere, sondern „das gesamte Aquarium". Die primären Nutznießer der Phytoplankton-Fütterung sind winzige Organismen, die schließlich den Korallen und Fischen durch ihre Vermehrung und Larvenproduktion Nahrung liefern, in Form von Eizellen und Spermien oder Larven. Manche von ihnen dienen auch selbst als Nahrung. Phytoplankton ist lebend oder in getrockneter Form erhältlich, wobei lebendes wegen geringerer Wasserbelastung vorzuziehen ist.

Tipp 350 Lebendes Phytoplankton wird in Flaschen oder Tüten angeboten.

Tipp 351 Zooxanthellate Korallen brauchen ausreichend Licht.

351 Licht ist Nahrung

Licht ist für Algen Nahrung, auch für die photosynthetisierenden Symbiosealgen. Stellen Sie sicher, dass Sie Ihren Korallen ausreichend Licht zur Verfügung stellen (siehe auch Tipp 271).

352 Salat als Pflanzenfutter

Prinzipiell sind Nahrungsmittel marinen Ursprungs am besten geeignet. Das Verfüttern von Landpflanzen sollte nicht übertrieben werden, weil es zur Anreicherung von Oxalsäure kommen kann. Landpflanzen wie Spinat oder Salat (zuvor in kochendem Wasser blanchieren) sollten im Meeresaquarium nur als gelegentliche Zusatznahrung gereicht werden und nicht die pflanzliche Hauptnahrung darstellen.

Fütterung

353 Flüssigfutter

Flüssige Futtersorten, die vor allem Filtrierer (Muscheln, Schwämme, Seescheiden, Röhrenwürmer etc.) mit Nahrung versorgen sollen, sind meist auf Hefebasis hergestellt. Setzen Sie diese bewusst ein. Sie können, obgleich unzweifelhaft wertvoll, im Übermaß das Wasser belasten.

354 Fütterung von Korallen

Zur gezielten Fütterung von Korallen mischt man Frostfutterpartikel ähnlicher Größe, gibt Aquarienwasser hinzu und füllt diese Mischung in eine Pipette oder eine große Kunststoffspritze, um sie dann den Korallen gezielt zu reichen. Gezielte Fütterung heißt, die Nahrung direkt auf die Mundscheiben der Korallen zu bringen, und dafür ist eine solche Pipette oder Spritze unverzichtbar. Allerdings sollte man den Polypen nicht mit dem Pinzettenstrahl belästigen, weil er sich sonst schließen würde, ohne Nahrung aufzunehmen. Stattdessen sollte man den Pipetteninhalt bei schwacher Wasserströmung oberhalb des Polypen ausstoßen, so dass die Futterpartikel langsam auf ihn herabsinken. Solche Pipetten oder Spritzen sind im Riffaquarium hilfreiche Allround-Werkzeuge, mit denen man beispielsweise auch Detritus von einer Koralle blasen kann.

355 Hartschalige Nahrung

Hartschalige Nahrung hilft, die Zähne kurz zu halten. Kugelfische und ihre Verwandten haben ein eindrucksvolles Gebiss. In der Natur setzen sie es ein, um die Schalen von Mollusken zu knacken oder sogar Teile von Steinkorallen abzubeißen, um die Polypen zu fressen. Ihre Zähne wachsen fortwährend nach, weil sie durch die Verwendung als Beißwerkzeug entsprechend abgenutzt werden. Hartschalige Nahrung – nicht Garnelen, sondern Muscheln mitsamt ihrer Schale – hilft, die Abnutzung der Zähne zu fördern.

Tipp 355 Das Gebiss eines Kugelfisches

356 Raubfische an tote Nahrung gewöhnen

Raubfische brauchen oft eine Weile, bevor sie sich an tote Nahrung gewöhnen. Sie sind daran angepasst, nur lebende Beutetiere zu überwältigen. Lebendnahrung kann man in Form von Flussgarnelen oder Süßwasserfischen bereitstellen, aber das wird teuer und ist nicht ideal. Ein Trick ist, gemeinsam mit dem Lebendfutter auch tierisches Frostfutter zu reichen. Wenn das nicht hilft, kann man ein totes Futtertier an einer Nylonschnur befestigen und vor dem Raubfisch so lange hin und her bewegen, bis er zuschlägt, was allerdings einige Geduld erfordern kann. Einfacher ist es, beim Kauf eines Raubfisches darauf zu achten, dass er bereits an tote Nahrung gewöhnt ist.

Tipp 356 Ein Kaiserfisch wird gefüttert.

Fütterung

357 Seepferdchen brauchen viel Futter

Seepferdchen und Seenadeln brauchen große Mengen Nahrung. Frisch geschlüpfte Artemien reichen nicht aus, um sie zu ernähren, auch wenn diese angereichert sind. Frostfutter (Mysis) ist nötig, und die Gewöhnung an tote Futtertiere ist schwierig. Man muss mehrfach täglich (5–7 Mal) Futter reichen und die nicht gefressenen Frostfutterpartikel nach spätestens 20 Minuten absaugen, weil sonst zerfallendes Gewebe der Futtertiere im Darm der Seepferdchen zu krankhaften Prozessen führt, an denen sie verenden. Wer dies nicht – über Jahre hinweg – konsequent leisten kann oder will, sollte sich keinesfalls Seepferdchen anschaffen.

358 Manche Falterfische sind schwer zu ernähren

Viele Falterfische haben sich auf Korallenpolypen als Nahrung spezialisiert, was nichts anderes bedeutet, als dass sie permanent Korallen fressen. Zwar picken manche auch am Gestein herum oder nehmen gelegentlich einen Frostfutterhappen, aber das kann sie nicht ernähren. Manche Großhändler weigern sich darum, diese Fische anzubieten, aber leider werden sie noch immer für den Handel gefangen. Besonders problematische Arten, die man meiden sollte, sind *Chaetodon austracius*, *C. meyeri* und *C. octofasciatus*.

359 Mehrmals täglich füttern

Viele Falterfische müssen mehrmals täglich gefüttert werden. Wenn ein Fisch erkennbar abgemagert ist, dann ist es meist zu spät. Dann muss man unter Umständen einen Fisch gezielt füttern. Darum sollten Sie den Kauf von Falterfischen gründlich abwägen. In einem Gesellschaftsbecken mit lebhaften und gefräßigen Fischen würden sie schnell verhungern. Zu Problemfällen gehören hier vor allem *Chelmon rostratus* und *Forcipiger flavissimus*.

360 Künstlicher „Futterstein"

Kaiserfische und Falterfische sind Substratpicker, aber man kann ihren Fressgewohnheiten mit einem Trick entgegenkommen: Man mischt unterschiedliche Futtersorten (Frostgarnelen, Muschelfleisch, Meeresalgen, zerstoßene Mineraltabletten) und verrührt sie mit Gelatine. Diese Mischung kann tiefgefroren werden und wird dann bei Bedarf aufgetaut. Die Gelatine kann als Stück gereicht oder auf eine raue Platte gestrichen werden, um für die Fische als „Futterstein" zu dienen.

Tipp 357 Seepferdchen brauchen viel Nahrung.

93

Fütterung

361 Geben Sie Filtrierern Zeit

Filtrierer können im Gegensatz zu Korallenfischen ihre Nahrung nicht aufsuchen, sondern die Nahrung muss zu ihnen kommen. Stellen Sie Filter (nicht Strömungspumpen!) während der Fütterung mit Schwebenahrung ab, weil Sie sonst nicht die Tiere, sondern den Filter füttern.

362 Gewöhnung an neue Futterarten

Manche Fische gewöhnen sich nur schwer an neue Futterarten. Hier kann es helfen, einen Tag lang nicht zu füttern, um dann eine kleine Menge des neuen Futters zu reichen.

363 Nachtaktive Fresser

Ebenso wie nicht alle Fische die gleiche Nahrung aufnehmen, fressen sie auch nicht alle zur gleichen Zeit. Manche Arten, etwa Soldatenfische, verstecken sich tagsüber und gehen nachts auf Nahrungssuche. Stellen Sie sicher, dass ihnen nachts auch Nahrung zur Verfügung steht.

Tipp 364 Stellen Sie sicher, dass alle Fische ihren Teil von der Fütterung bekommen.

Tip 363 Soldatenfisch (Holocentrus diadema).

364 Wilde Fresser

Manche Fische werden bei der Fütterung regelrecht wild. Sie schnappen nach allem in ihrer Reichweite, oder sie schießen regelrecht im Aquarium herum. Dazu z. B. gehören Drücker, Kugelfische oder Lippfische. Solches Verhalten kann scheue Fische vertreiben, so dass sie zur Fütterung nicht erscheinen. Darum sollte man wilde Fresser nicht mit scheuen Fischen vergesellschaften.

Fütterung

365 Nicht zu viel Futter kaufen

Wenn Sie zu große Futtermengen kaufen, sparen Sie am falschen Platz. Sobald Sie eine Futterpackung öffnen, beginnt die Qualität sich zu verschlechtern. Vitamine fangen an zu zerfallen, so dass das Futter arm an diesen lebenswichtigen Stoffen wird. Darum sollten Sie immer nur diejenige Futtermenge kaufen, die Sie in einer überschaubaren Zeit benötigen.

366 Futter richtig lagern

Viele Futtermittel müssen kühl aufbewahrt werden. Halten Sie sich an die Herstellerangaben. Achten Sie auch auf ein angegebenes Verfallsdatum, schon beim Kauf.

367 Wie oft und wie viel füttern?

Die Antwort ist „oft" und „wenig". Sollte Futter nach zwei Minuten im Aquarium ungefressen bleiben, müssen Sie es mit einem Fangnetz herausholen. In einem solchen Fall füttern Sie entweder zu viel, oder Sie reichen die falsche Nahrung. Am besten füttern Sie morgens, am Nachmittag und abends, bevor das Licht ausgeht. Die Morgen- und Abendfütterung sind am wichtigsten.

Tipp 368 Streuen Sie eine kleine Futtermenge auf das Wasser.

368 Futtermenge abmessen

Halten Sie niemals eine ganze Futterdose über das Aquarium. Bedenken Sie immer, dass eine kleine falsche Bewegung die gesamte Futterdose in das Aquarium entleeren kann. Das würde viel Arbeit und Ärger mit sich bringen. Nehmen Sie darum nur die benötigte Futtermenge aus der Dose und geben Sie diese in das Aquarium.

Tipp 367 Eine Feuer-Schwertgrundel (*Nemateleotris magnifica*) schnappt nach frisch aufgetauten Frostfutter-Artemien

Pflege

369 Pflege revitalisiert das Aquarium

Aquarienpflege ist nicht so schwierig wie viele vermuten. Man braucht dafür nur etwas gesunden Menschenverstand und etwas Kenntnis biologischer Zusammenhänge. Betrachten Sie die Aquarienpflege als festen Bestandteil des Hobbys und führen Sie die Arbeiten regelmäßig und mit Begeisterung aus.

370 Teilwasserwechsel lösen viele Probleme

Wenn Ihr Aquarium reift und älter wird, kommt es darin zu Veränderungen. Wie effektiv Ihr Filtersystem auch arbeitet, es kann nicht alle Stoffwechselprodukte der Tiere eliminieren. Organische und anorganische Verbindungen reichern sich im System an, beispielsweise Nitrat und Phosphat. Das führt zu einem fallenden pH-Wert, und mineralische Elemente werden Mangelware. Ein regelmäßiger Teilwasserwechsel kann dieses Problem lösen. Ein wöchentlicher, kleinerer Wasseraustausch ist hierbei besser als ein größerer, der einmal im Monat durchgeführt wird. Um in einem 200–300 l fassenden Aquarium 5 % des Wassers wöchentlich zu wechseln, müssen Sie nur 10–15 l anmischen, eigentlich eine Kleinigkeit. Möchten Sie hingegen monatlich die vierfache Menge austauschen, müssten Sie 40–60 l wechseln, ein ungleich größerer Aufwand, den man gern einmal weglässt.

371 Wasser wechseln ist einfach

Es gibt mehrere Methoden für einen Teilwasserwechsel. Wenn Sie keine Algenplage haben, saugen Sie einfach mit einem Schlauch die betreffende Wassermenge in einen Eimer. Dabei können Sie auch eine eventuell vorhandene Kahmhaut mit einem Becher absaugen, doch wenn diese sich gebildet hat, sollten Sie das mit zusätzlichen Maßnahmen künftig verhindern (Oberflächenabsaugung und -strömung verstärken).

372 Langsam absaugen mit Luftschlauch

Wenn Sie eine Algenplage haben, dann kann es sinnvoll sein, die Algen mit einem Luftschlauch abzusaugen. Durch den dünnen Luftschlauch läuft das Wasser langsamer, so dass Sie mehr Zeit haben, die Algen gezielt zu entfernen. Das ist vor allem bei Schmieralgen wichtig, die Steine, Scheiben und Bodengrund mit einer dünnen Schicht überziehen. Auch bei den lästigen Turbellarien *Convolutriloba retrogemma* hilft dieses Absaugen (siehe auch Tipp 309).

Tipp 370 Aquarienpflege ist ein wichtiger Teil des Aquaristikhobbys.

Pflege

Saugen Sie Wasser aus dem Aquarium in einen am Boden stehenden Eimer.

Tipp 371 Durchführen eines Teilwasserwechsels

373 Teilwasserwechsel führen mineralische Elemente zu

Teilwasserwechsel führen dem Wasser auch verlorene mineralische Elemente (Spurenelemente, Mengenelemente) zu und helfen, ihre übermäßige Anreicherung zu begrenzen.

374 Salzgehalt vergleichen

Bevor Sie das frisch angemischte Meerwasser in das Aquarium geben, sollten Sie den Salzgehalt vergleichen. Schütten Sie es vorsichtig hinein, nicht direkt auf eine Koralle. Hier ist ein Filterbecken sehr hilfreich, weil man den Teilwasserwechsel dort durchführen kann. Nach dem Anmischen sollten Sie wenigstens 15 min. warten. Dann muss der Salzgehalt kontrolliert werden, bevor Sie das Wasser verwenden.

375 Salzgehalt im Aquarium verändern

Ist der Salzgehalt zu hoch, fügen Sie langsam Osmosewasser zu, allerdings nicht direkt auf eine Koralle. Ist Ihr Salzgehalt zu hoch, dann mischen Sie einen Teil des neuen Salzwassers mit höherem Salzgehalt an. Möchten Sie den Salzgehalt des Aquariums leicht anheben, z. B. von 1.014 auf 1,015, dann reicht es aus, das über die Verdunstung zu tun.

376 Alle Pflegearbeiten nacheinander ausführen

Wenn Sie einen Teilwasserwechsel durchführen, sollten Sie auch alle anderen nötigen Pflegearbeiten ausführen. Tauschen Sie Ausströmer aus, ernten Sie übermäßigen Algenwuchs ab, reinigen Sie den Abschäumer, kontrollieren Sie Luftfilter einer Membranpumpe, reinigen Sie Innenfilter oder Abdeckscheiben. Bei einem jungen Aquarium sollten Sie nun auch Wasserparameter wie Salzgehalt, Temperatur, pH-Wert, Nitrat, Nitrit und Karbonathärte messen. Wenn Sie all diese Arbeiten parallel zum Teilwasserwechsel durchführen, dann haben Sie nur einen einzigen Eingriff in das Aquariensystem.

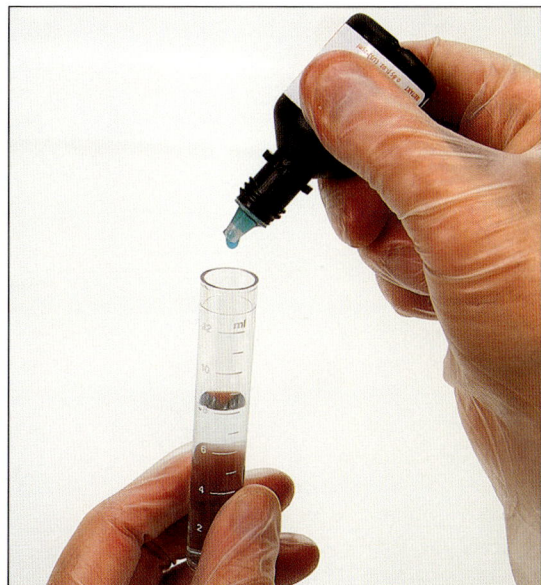

Tipp 376 Wassertests gehören zur Pflegeroutine.

Pflege

377 Für genaue Testergebnisse immer 35 ppt

Bedenken Sie, dass für ein verlässliches Testergebnis Ihr Aquarienwasser der natürlichen Salzdichte von 35 ppt entsprechen muss. Andernfalls erhalten Sie falsche Messwerte.

378 Frontscheiben reinigen

Meeresaquarien, insbesondere Riffbecken, veralgen an den Scheiben. Meist sind das Grünalgen, doch man findet auch feste, harte Kalkalgen. Die Seitenscheiben und die hintere Aquarienscheiben sollten Sie hingegen nur reinigen, wenn sie auch als Sichtscheiben dienen. Klingenreiniger sind dafür am besten geeignet, weil sie nicht Bodengrundmaterial mitziehen und die Scheiben verkratzen können. Für Acrylbecken sollte man Klingen aus Kunststoff verwenden. Die Außenseite der Frontscheibe lässt sich am besten mit Süßwasser und einem trockenen, weichen Lappen reinigen.

379 Riffaquarien brauchen mehr Pflege

Ein Riffaquarium braucht mehr Pflege als ein Fischbecken. Wirbellose wie Gehäuseschnecken können in Ansaugöffnungen von Pumpen geraten, oder Vermetiden können in Rohrleitungen zu dichten Populationen heranwachsen. Darum sollte man Pumpen und Rohrleitungen regelmäßig kontrollieren und reinigen und auch keine veraltete Technik einsetzen. Technische Probleme sind die Hauptursache für Pannen in der Meeresaquaristik.

380 Aquarium täglich kontrollieren

Führen Sie täglich eine Sichtkontrolle des Aquariums durch. Prüfen Sie Gesundheit und Verhalten Ihrer Tiere. Kontrollieren Sie die Funktion von Filter, Abschäumer, Pumpen und Regelheizer. Entfernen Sie ein möglicherweise gestorbenes Tier sofort.

Tipp 380 Entfernen Sie verendete Tiere baldmöglichst, um unnötige Wasserverschmutzungen zu vermeiden.

Pflege

381 pH-Abfall durch Abdeckscheibe

Dicht sitzende Abdeckscheiben oder Beleuchtungsabdeckungen können einen pH-Wert-Abfall verursachen. Darum sollte man beim Abdecken des Aquariums immer für ausreichende Luftzirkulation sorgen, damit das CO_2, das über die Wasseroberfläche aus dem Aquarienwasser diffundiert, nicht auf dem Wasser „liegen bleibt".

382 Hygiene und gesunder Menschenverstand

Bevor Sie in das Aquarium hineingreifen, sollten Sie die Hände waschen, jedoch nicht mit Seife oder Desinfektionsmitteln. Fangnetze und Absaugschläuche sollten ebenfalls gereinigt werden. Für Teilwasserwechsel nur Kunststoffbehälter verwenden, die lebensmittelecht sind. Rauch und giftige Dämpfe wie Zigarettenrauch oder Lösungsmittel von Möbelpolitur in der Nähe des Aquariums vermeiden. Auch Dinge wie ein plötzlicher Lichtblitz (Fotoapparat) oder das Schlagen gegen die Frontscheibe (Kinder) sollten vermieden werden.

Tipp 383 Filtermaterial immer in Salzwasser auswaschen

383 Außenfilter

In Fischbecken sollten Sie die Durchflussrate etwa vorhandener Außenfilter regelmäßig kontrollieren. Lässt diese nach, ist es Zeit, den Filter zu reinigen. Besitzt der Filter mehrere Schaumstofflagen, dann sollten Sie nicht alle auf einmal reinigen, sondern nur einen Teil davon auswechseln oder in Meerwasser spülen, damit in den übrigen Lagen ausreichend Nitrifikationsbakterien vorhanden bleiben.

384 Abschäumer regelmäßig reinigen

Jede Ansammlung von Schmutz oder Algen in der Reaktionskammer des Abschäumers (nicht im Schaumtopf) reduziert die Effektivität. Fettansammlungen im Innern der Reaktionskammer verringern die Menge der Bläschen, die in den Schaumtopf gelangen. Darum sollte man den Abschäumer immer sauber halten und wenigstens einmal pro Woche reinigen.

Tipp 384 Ein effektiv arbeitender Abschäumer

Pflege

385 Pflege der Umkehrosmoseanlage

Vergessen Sie nicht, Ihre Umkehrosmoseanlage zu pflegen. Tauschen Sie die Vorfilter entsprechend Ihrer Leitungswasserqualität in den vom Hersteller vorgeschriebenen Abständen aus. Wechseln Sie den Aktivkohle-Vorfilter jährlich aus, um Bakterienfraß an der Membran zu verhindern. Wenigstens alle fünf Jahre sollte die Membran ausgetauscht werden. Bedenken Sie, dass die Lebensdauer von Vorfiltern und Membran von der Menge des gereinigten Wassers abhängt. Beachten Sie die Herstellerangaben bezüglich der Nutzungsdauer von Vorfiltern und Membran.

386 Nicht alle Wassertests sind gleich

Beachten Sie die Herstellerangaben für die Durchführung von Wassertests. Nicht alle Wassertests sind gleich, vor allem, wenn es darum geht, die Farbe der Lösung mit der auf den mitgelieferten Farbtafeln zu vergleichen. Einige Hersteller schreiben vor, durch die Seitenwand des Röhrchens zu schauen, andere, von oben nach unten. Setzen Sie die Farbtafeln keinem direkten Sonnenlicht aus, um Farbänderungen zu vermeiden, die zu ungenauen Messergebnissen führen könnten.

Phosphattest

A Manche Phosphattests sind sehr leicht durchzuführen: Geben Sie fünf Tropfen der Testlösung in 5 ml Aquarienwasser.

B Warten Sie fünf Minuten, bis sich die Färbung voll entwickelt hat, und vergleichen Sie diese mit der Farbkarte.

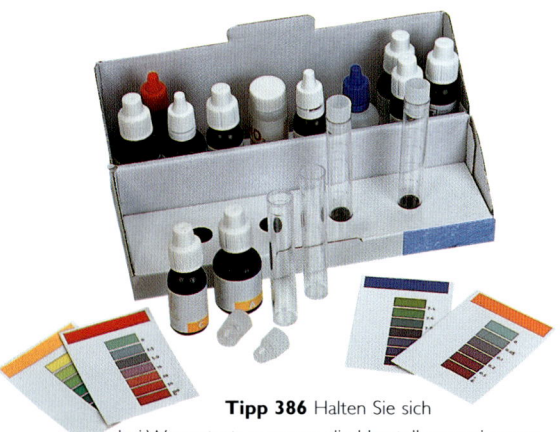

Tipp 386 Halten Sie sich bei Wassertests genau an die Herstelleranweisungen

387 Nur frische Testlösungen verwenden

Beachten Sie das Verfallsdatum von Testlösungen. Flüssige Lösungen verderben schneller als trockene Messreagenzien. Vor allem in Bezug auf die geringe Lagerfähigkeit von Testlösungen – manchmal nur sechs Monate – sollten Sie nicht daran sparen, regelmäßig einen Test durchzuführen.

Pflege

388 Testen Sie, was fehlt

Wassertests können Ihnen nicht nur verraten, was im Aquarium stört und übermäßig vorhanden ist, etwa Ammonium, Nitrit oder Nitrat. Testkits können Ihnen auch zeigen, was im Aquarienwasser fehlt, beispielsweise Sauerstoff, Jod oder Calcium.

389 Lampen-Abdeckscheiben sauber halten

Die Abdeckscheiben von Halogen-Metalldampflampen bekommen im Laufe der Zeit eine Salz- oder Kalk-Kruste, selbst wenn die Lampen in großer Entfernung zur Wasseroberfläche hängen. Vor dem Reinigen muss die Lampe abgeschaltet werden und abkühlen.

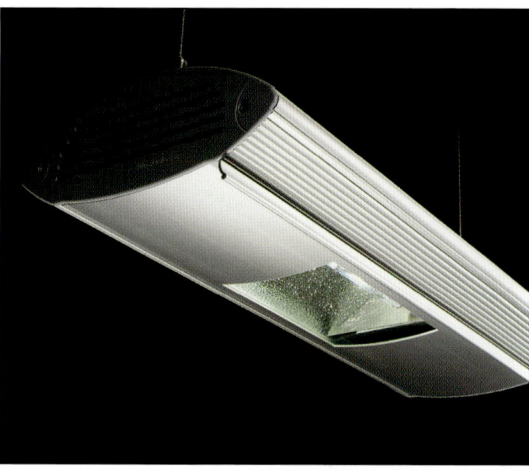

Tipp 389 Halten Sie die Abdeckscheiben der Lampen sauber.

390 Wie oft Leuchtmittel austauschen?

Die Leuchtmittel Ihrer Lampen müssen regelmäßig ausgetauscht werden. Wenn Sie ein Luxmeter besitzen, messen Sie die Lichtausbeute und tauschen Sie die Leuchtmittel, wenn sie um 30 % gesunken ist. Als Faustregel kann man alle Leuchtstofflampen ein Mal jährlich auswechseln, und alle Blauröhren zwei Mal jährlich.

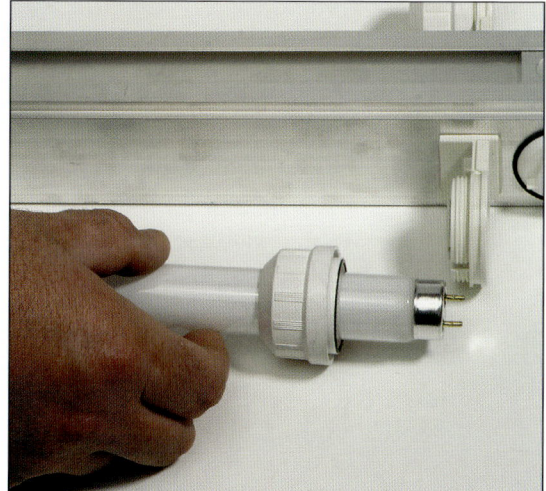

Tipp 390 Leuchtstofflampen regelmäßig auswechseln

391 Führen Sie ein Tagebuch

Halten Sie alle Testergebnisse und Wartungsarbeiten in einem Tagebuch fest, auch Teilwasserwechsel und Nachdosierungen irgendwelcher Substanzen. Veränderungen, die Sie im Aquarium beobachten, sollten Sie hier ebenfalls notieren. Natürlich muss auch der regelmäßige Austausch von Leuchtmitteln festgehalten werden. Diese Notizen helfen Ihnen, Veränderungen im Aquarium auf bestimmte Ursachen zurückzuführen, und allmähliche Veränderungen der Wasserwerte lassen sich mit Hilfe solcher Notizen besser erkennen.

392 Calciumgehalt und Karbonathärte überwachen

Anfangs reichen die Teilwasserwechsel aus, um im Aquarium den Verbrauch an Calcium und Karbonaten zu ersetzen. Wenn Ihre Korallen aber wachsen, brauchen sie mehr Calcium und Karbonate. Teilwasserwechsel reichen dann möglicherweise nicht mehr, und Sie müssen gezielt nachdosieren.

Pflege

393 Chemische Calciumzufuhr

Für kleinere Becken oder solche mit geringem Verbrauch von Calcium und Karbonaten ist eine Zufuhr mit einem Zweikomponenten-System die beste Lösung. Dann müssen allerdings Calciumwert und Karbonathärte täglich gemessen werden, um sicher zu gehen, dass eine Überdosierung vermieden wird. Erst wenn man eine passende Dosierung gefunden hat, kann man die Tests wieder in etwas größeren Zeitabständen durchführen.

394 Technische Calciumzufuhr

In großen Riffaquarien oder solchen mit sehr hohem Verbrauch an Calcium und Karbonaten ist eine chemische Zufuhr zu kostspielig. Hier ist es besser, einen Kalkreaktor oder einen Kalkwasser-Rührer einzusetzen. Diese Geräte kosten einmal Geld, sind aber sehr preiswert im Betrieb.

395 Calciumwert und Karbonathärte hängen zusammen

Ein beliebter Trick ist das fortwährende Beobachten der Karbonathärte, in dem Wissen, dass es Zeit ist, den Calciumgehalt zu messen, wenn sich die Karbonathärte verändert. Das liegt daran, dass diese beiden Werte untrennbar miteinander verbunden sind und sich keiner von ihnen allein ohne den anderen verändert.

396 Meersalzmischungen und Mineralgehalt

Wenn Ihre Tests niedrige Werte für Calcium und Karbonathärte zeigen, dann können Sie einfach versuchen, eine Meersalzmischung mit höherem Gehalt an Calcium und Karbonaten zu verwenden, denn der Gehalt an diesen Substanzen ist nicht bei allen Salzmischungen gleich. Zwar lässt sich dadurch nicht die Zufuhr dieser Stoffe ersetzen, aber die Dosierungsmenge lässt sich vielleicht reduzieren.

Karbonathärte-Test (kH)

A Geben Sie tropfenweise die Testlösung in das Wasser und zählen Sie die Tropfen.

B Anfangs färbt die Lösung sich blau.

C Beim weiteren Eintropfen der Testlösung färbt sich das Wasser um. Zählen Sie alle Tropfen bis zum Umfärben, denn jeder entspricht einem Grad Karbonathärte oder 17,5 mg/l Karbonat

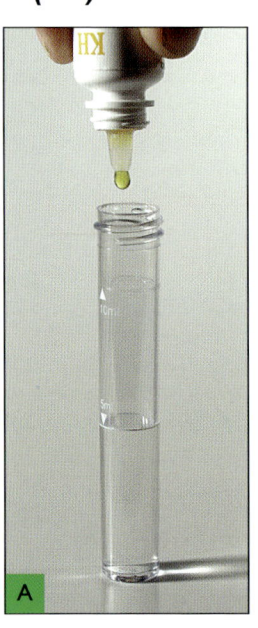
A

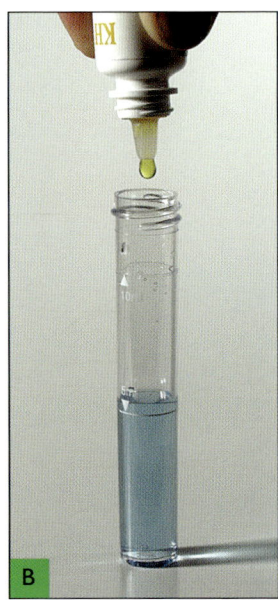
B

C

Pflege

397 Wie funktioniert ein Kalkreaktor?

Ein Kalkreaktor leitet das Aquarium durch Kalkgranulat, während gleichzeitig CO_2 eingeleitet wird. Dadurch sinkt der pH-Wert, wodurch Calcium und Karbonate in einem balancierten Verhältnis freigesetzt werden, so dass sie für die Korallen verfügbar sind.

Tipp 397 Ein Kalkreaktor im Betrieb

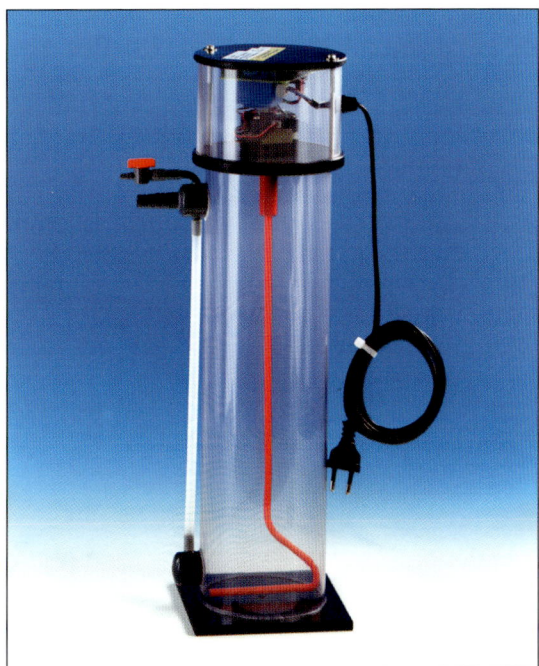

Tipp 399 Ein Kalkwassermischer

398 Zusätzliche Mineralienzufuhr

Viele Riffaquarianer fügen dem Aquarienwasser Spurenelementlösungen zu, die Jod, Strontium, Magnesium und anderes enthalten, oft auch Vitamine. Man kann dies weder als unverzichtbar noch als überflüssig bezeichnen. Durch regelmäßige und umfassende Teilwasserwechsel lässt sich eine solche Mineralienzufuhr ersetzen.

399 Wie funktioniert ein Kalkwasser-Rührer?

Ein Kalkwasser-Rührer mischt Calciumhydroxid-Pulver in Umkehrosmose-Wasser, das dann zum Ersetzen des verdunsteten Aquarienwassers verwendet wird. Dadurch wird Calcium zugeführt. Calciumhydroxid hat einen sehr hohen pH-Wert und kann bei falscher Anwendung für die Aquarienbewohner ebenso gefährlich werden wie für den Menschen. Darum sollte man damit immer sehr sorgfältig umgehen.

400 Vitaminlösungen

Vitamine sollten in der Nahrung enthalten sein, mit der man seine Aquarientiere füttert. Das Wasser mit einer Vitaminlösung anzureichern, ergibt nicht viel Sinn. Wenn Sie abwechslungsreich füttern, sollten Sie Ihr Geld lieber in häufigere Teilwasserwechsel investieren, als ein Produkt mit fragwürdiger Wirkung einzusetzen.

Pflege

401 Erwarten Sie keine Wunder

Es gibt kein Wundermittel, das Ihnen ein prächtiges Riffaquarium mit gesund wachsenden Korallen garantieren kann. Kein Produkt kann alle unerwünschten Algen im Aquarium eliminieren.

402 Jodzufuhr – nötig oder nicht?

Die Gabe von Jod und Strontium wird sehr kontrovers diskutiert. Über Sinn und Unsinn dieser Zusätze wird gestritten, auch mit wissenschaftlichen Belegen, die jeweils unterschiedlich interpretiert werden. Bei der Jodzufuhr stützen Aquarienbeobachtungen allerdings die Annahme, dass sie sinnvoll sei. Reichen Sie Jod möglichst mit der Nahrung, damit die Tiere es direkt aufnehmen können. Überschreiten Sie dabei niemals den natürlichen Jodgehalt des Meerwassers von 0,06 mg/l.

403 Bringt eine Strontiumgabe Vorteile?

Da es für den Aquarianer kaum möglich ist, den Strontiumgehalt verlässlich zu messen, sollte man ihn am besten ignorieren. Wenn Sie nicht zu den sehr erfahrenen Riffaquarianern gehören, die das Hobby bis in den Grenzbereich beherrschen und empfindlichste Arten pflegen, ist kaum anzunehmen, dass Ihre Korallen von einer regelmäßigen Strontiumgabe profitieren werden. Eine der riffaquaristischen Binsenweisheiten ist: „Was du nicht messen kannst, sollst du auch nicht in das Aquarium schütten".

404 Magnesiumgehalt

Oft wird ein Magnesiummangel vermutet, wenn mit der Calcium- und Karbonatzufuhr irgendetwas nicht stimmt. Doch wenn wirklich irgendetwas im Becken nicht stimmt und mit den Calcium- und Karbonatwerten alles in Ordnung ist, sollte man durchaus den Magnesiumgehalt messen und notfalls korrigieren.

Sorgfältige Kontrolle der Wasserqualität kann dazu beitragen, dieses Riffaquarium gesund zu erhalten.

Pflege

405 Makroalgen im Meeresaquarium

Ein gesundes Wachstum von Makroalgen (blattförmiger, pflanzenähnlicher Wuchs, im Gegensatz zu einzelligen Algen, die „Grünes Wasser" produzieren), ist im Meeresaquarium durchaus nicht schlecht, sofern man es kontrollieren kann. Das können beispielsweise herbivore Fische, doch es ist schwierig, das richtige Gleichgewicht zwischen Fischen und Algen zu finden, damit die Balance erhalten bleibt.

Tipp 405 Gemischtes Wachstum von *Caulerpa*-Algen und Scheibenanemonen

Tipp 407 Kräftiges Wachstum von *Caulerpa prolifera*

406 Steine vom Algenwuchs befreien

Ein sehr einfacher Weg, Steine vom Algenwuchs zu befreien, ist es, sie einzeln aus dem Aquarium zu nehmen und in ein anderes Becken mit herbivoren Fischen zu setzen. Sobald sie algenfrei sind, können sie mit den nächsten algenbewachsenen Steinen ausgetauscht werden.

407 Populationszusammenbrüche von Algen

Regelmäßiges Abernten von Algen hält den Wuchs unter Kontrolle. Hüten Sie sich aber vor plötzlichen Populationszusammenbrüchen. Eine große Menge zerfallender Algen kann den Sauerstoffgehalt stark reduzieren, und nur schnelle, umfassende Teilwasserwechsel helfen dann.

408 Stabile Algenpopulationen

Bei einer 24-stündigen Beleuchtung eines Schlamm- oder Tiefsandbett-Filters (DSB) mit *Caulerpa*-Algen ist das Risiko einer geschlechtlichen Vermehrung mit nachfolgendem Populationszusammenbruch vernachlässigbar gering. Gleichzeitig kann ein solches System helfen, das nächtliche pH-Absinken zu reduzieren.

Pflege

409 Unkontrollierter Algenwuchs

Wenn Sie keine herbivoren Fische im Aquarium haben, kann der Algenwuchs unkontrollierbar werden. Ebenso wie ein Gartenteich kann auch ein Aquarium unter zu starkem Algenwuchs leiden. Das ist vor allem nachts problematisch, wenn Algen nicht mehr photosynthetisieren, sondern nur noch Sauerstoff verbrauchen. Das Wasser gut umwälzen, bei hohen Umgebungstemperaturen das Wasser zusätzlich durchlüften und regelmäßig Algen abernten.

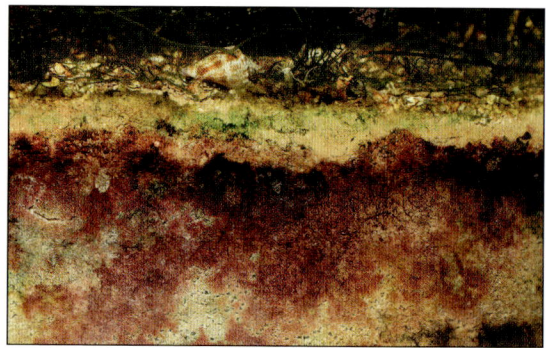

Tipp 411 Ein Tiefsandbettfilter mit Makroalgen

Tipp 409 *Caulerpa*-Algen und eine Kardinalsgarnele (*Lysmata debelius*)

410 Makroalgen nehmen Nährstoffe auf

Hält man Makroalgen im Schlammfilter oder Tiefsandbettfilter (DSB), dann lassen sich die Resultate durch eine kräftigere Beleuchtung und einen stärkeren Wasserdurchlauf steigern. Das regelmäßige Abernten von Algen exportiert Nährstoffe.

411 Strategie gegen Algenplagen

Algenplagen sind in einem Riffaquarium immer ein Problem, weil wir es wegen der Korallen intensiv beleuchten müssen. Licht kann neben Phosphat und Nitrat als „Dünger" für unerwünschte Algen angesehen werden. Das Licht können wir nicht reduzieren, also konzentrieren Sie sich auf Nitrat und Phosphat. Lebendgestein, Tiefsandbett (DSB) und Schlammfilter helfen sehr effektiv, den Nitratgehalt zu reduzieren. Planen Sie gleich zu Beginn einen Filter mit einem Phosphat reduzierenden Medium ein. Kontrollieren Sie den Phosphatgehalt regelmäßig mit einem Testkit und erneuern Sie das Phosphat bindende Material, sobald der Phosphatgehalt im Wasser ansteigt. Setzen Sie herbivore Tiere ein; gäbe es in der Natur keine herbivoren Tiere, dann gäbe es wohl auch keine Korallenriffe.

412 *Caulerpa*-Wuchs unter Kontrolle halten

Die für Aquarianer wichtigste Makroalgen-Gattung ist *Caulerpa*. Es gibt viele Arten mit unterschiedlichen Wuchsformen und Grüntönen. Seien Sie vorsichtig mit *Caulerpa* im Korallenriffaquarium, weil viele Arten dramatische Wuchsraten entwickeln und Korallen überwachsen können. Sie verlieren dadurch nicht nur Licht, sondern werden regelrecht abgetötet.

Pflege

Tipp 412 *Caulerpa racemosa* hat eine typische Form.

413 Makroalgen im Refugium halten

Bei einem leicht erhöhten Nitrat- und Phosphatgehalt können Makroalgen hervorragend in einem Refugium gehalten werden (separates, kleines Aquarium, das mit dem Hauptbecken in Verbindung steht und stark beleuchtet ist), um diese Nährstoffe zu entfernen. Die Algen können entweder an Korallenfische verfüttert oder kompostiert werden.

414 Ein größeres Aquarium

Eines Tages werden Sie den Wunsch nach einem größeren Aquarium haben. Den Inhalt eines existierenden Riffaquariums in ein neues zu überführen, hört sich sehr problematisch an, aber es ist eigentlich nur eine Frage der Organisation. Vorher sollte man aber ein paar Überlegungen anstellen. Wie groß ist die Volumendifferenz? Kann das neue Aquarium am Platz des alten stehen?

415 Ausreichend Wasser

Zunächst brauchen Sie ausreichend Wasser, um das neue Aquarium zu füllen. Hat das neue Aquarium kein Filterbecken, dann ist das unproblematisch, weil Sie es dann auch mit tiefer liegendem Wasserstand betreiben können. Hat es dagegen ein Filterbecken, benötigen Sie gleich die Gesamtmenge an Aquarienwasser.

416 Altwasser aufheben

Wenn Sie von einem kleineren in ein größeres Aquarium „umziehen", betrachten Sie das einfach als einen besonders großen Teilwasserwechsel. Es ist nicht ratsam, mehr als das existierende Wasservolumen des alten Aquariums als neues Wasser zuzufügen, denn das wäre wie ein Teilwasserwechsel von mehr als 50 %. Manche Aquarianer planen voraus und heben bei Teilwasserwechseln das Altwasser auf.

417 Zwischenhälterungs-Becken

Sie müssen nur den alten Steinaufbau von oben her abtragen und im neuen Becken neu erstellen. Dafür brauchen Sie ein Zwischenhälterungs-Becken. Das kann ein drittes Aquarium sein oder ein Kunststoffbehälter aus lebensmittelechtem Material. Möglicherweise können Sie einen solchen Behälter auch vom Aquaristik-Fachhändler ausleihen.

Tipp 417
Unentbehrlich: großer Wasserbehälter

Pflege

Umziehen mit dem Aquarium

418 Viele Aquarianer beginnen ihr Hobby mit einem Aquarium moderater Größe. Bei zunehmender Erfahrung und finanzieller Leistungsfähigkeit wird eines Tages der Moment kommen, wo man sich ein größeres Aquarium wünscht.

1 Saugen Sie Wasser aus Ihrem Riffaquarium in das Zwischenhälterungs-Becken; gerade genug, damit die Korallen unter Wasser sind. Setzen Sie dann die Korallen in das Becken. Während Sie das tun, kann das übrige Wasser in das neue Aquarium gepumpt werden.

2 Sie sollten im Zwischenhälterungs-Becken in drei Kategorien einteilen: Korallen, Lebendgestein für den Riffaufbau und verschiedene Steine für Dekorationszwecke. Sobald alle Korallen im Zwischenhälterungs-Becken sind, beginnen Sie, die obere Schicht der Steine aus dem Aquarium in das Becken zu geben.

3 Stoppen Sie, das Wasser aus dem alten in das neue Aquarium zu pumpen, sobald der Wasserstand das Minimum erreicht hat, das für die darin befindlichen Fische notwendig ist. Während Sie die Steine in das Zwischenhälterungs-Becken bringen, sollten Sie auch nicht sessile Wirbellose hinübersetzen, soweit sie greifbar sind.

4 Platzieren Sie die unteren Teile des Steinaufbaus direkt vom alten in das neue Aquarium, gefolgt von den oberen, die sich im Zwischenhälterungs-Becken befinden. Dann folgen die Korallen und die kleineren Steine für dekorative Zwecke. Zum Schluss kommen die nicht sessilen Wirbellosen.

5 Fangen Sie die Fische heraus, um sie in das neue Aquarium zu setzen, möglichst ohne den Detritus im Bodenbereich in Bewegung zu bringen. Das würde die Wasserbedingungen verschlechtern und die ohnehin schon gestressten Fische mehr in Panik bringen. Bevor Sie den Bodengrund in das neue Aquarium bringen, sollten Sie ihn im restlichen Aquarienwasser im alten Becken vorsichtig reinigen.

Tipp 418 Mit einem Riffaquarium umzuziehen, ist nicht leicht.

Pflege

419 Wasserpumpen einschalten

Schalten Sie die Pumpen ein. Das fördert den Gasaustausch und entfernt schleimige Sekrete von den Korallen. Nehmen Sie die Heizung in Betrieb, weil während des Transfers sehr wahrscheinlich die Wassertemperatur abgesunken ist. Wenn Sie ein Filterbecken haben, können Sie möglicherweise Pumpen und Heizung erst in Betrieb nehmen, wenn Sie die nötige Gesamtwassermenge haben.

Tipp 420 Vergessen Sie beim Ausräumen keine Tiere.

420 Kein Tier vergessen

Sobald alles an der richtigen Stelle ist, füllen Sie noch fehlendes Wasser nach. Kontrollieren Sie das alte Becken auf eventuell vergessene Tiere, vor allem jene, die im Bodengrund leben, oder Schnecken, die sich im oberen Bereich bei den Zugstreben befinden.

421 Aquarium am gleichen Standort

Wenn Sie das neue Aquarium dort aufstellen möchten, wo das alte stand, können Sie den beschriebenen Schritten ebenfalls folgen. Nur müssen Sie dann das gesamte Gestein in das Zwischenhälterungs-Becken geben und die Fische in Plastikbeuteln verpacken (mit klarem Wasser ohne Sedimente!). Aus dem alten Aquarium ziehen Sie möglichst viel Wasser ab. Möglicherweise können Sie den Bodengrund mit Wasser bedeckt darin lassen. Dann tauschen Sie das alte gegen das neue Aquarium aus.

422 Aquarium beim Umzug transportieren

Wenn Sie umziehen müssen, dann können Sie grundsätzlich nach dem gleichen Schema vorgehen. Nur verwenden Sie in diesem Falle kein Zwischenhälterungs-Becken, sondern verpacken alle Tiere und das Gestein in Plastiktüten. Diese Plastikbeutel und die notwendigen Styroporboxen können Sie möglicherweise im Aquaristik-Fachgeschäft bekommen. Dazu eignen sich die Boxen, in denen die Tiere gewöhnlich importiert werden.

Tipp 422 Fische in Plastikbeuteln in einer Styroporkiste.

Pflege

Tipp 423 Füttern Sie die Fische 24 Stunden vor dem Verpacken nicht.

423 Futterkarenz vor Transport

Füttern Sie die Fische 24 Stunden vor dem Transport nicht. Andernfalls riskieren Sie, dass die Tiere sich ihr eigenes Transportwasser verderben.

424 Vorher fotografieren

Fertigen Sie vom ursprünglichen Aquarium Fotos an, damit Sie später nachvollziehen können, wie es ausgesehen hat. Dadurch wird es erheblich leichter, die Dekoration in ähnlicher Weise aufzubauen, als wenn Sie das nur aus dem Gedächtnis versuchen. Beschriften Sie die Boxen nach Inhalt, z. B. Gestein, Fische, Korallen etc., um die Neueinrichtung zu beschleunigen.

425 Hausumzug und Aquarienumzug

Versuchen Sie nicht, den Hausumzug und den Aquarienumzug am selben Tag zu bewältigen, das ist schlichtweg unmöglich. Wenn es machbar ist, dann sollten Sie den Aquarienumzug vorziehen. Wenn das nicht möglich ist, könnten Sie das Aquarium zunächst bei einer anderen Person (Freund, Familienmitglied) aufstellen.

426 Zurückhaltend füttern

Füttern Sie im neuen Aquarium zunächst sehr bewusst und sparsam und beobachten Sie alle relevanten Messwerte. Die Belastung für das „Ökosystem Aquarium" war enorm, und es ist kaum denkbar, dass nicht einige kleinere Tiere auf der Strecke geblieben sind, was durchaus zusätzliche Wasserbelastungen mit sich bringen könnte, von denen Sie nichts wissen. Beginnen Sie möglichst bald mit den gewohnten Teilwasserwechseln.

Fotos sind eine hervorragende Gedächtnisstütze, wenn ein Aquarium nach einem Umzug wieder eingerichtet werden soll.

Tipp 424 Fotografieren Sie die Einrichtung des Aquariums vor dem Ausräumen.

Pflege

427 Sicherheit geht vor

Bevor Sie ein Becken austauschen oder umziehen lassen, ziehen Sie alle Stecker und schalten Sie alle Elektrogeräte aus. Stoßen Sie nicht mit Steinen gegen den Heizstab. Sorgen Sie für ausreichende Raumbeleuchtung. Elektrische Sicherheit ist immer wichtig, nicht nur beim Umzug. Darum sollten alle elektrischen Geräte über einen FI-Schutzschalter abgesichert sein. Wenn Ihr Sicherungsschrank keinen FI-Schutzschalter hat, sollten Sie sich einen besorgen, der als Zwischenmodul eingesetzt werden kann.

428 Möglichst viel Originalwasser

Sammeln Sie schon lange vor dem Aquarienumzug möglichst viele Kanister. Um Ihre Tiere nicht einem extrem großen Teilwasserwechsel auszusetzen, sollten Sie so viel Altwasser wie nur möglich transportieren. Wenn Sie das Aquarium am neuen Standort einrichten, füllen Sie zunächst das alte Wasser ein und erst danach neu angemischtes. Wenn Sie das neue Wasser nicht einige Zeit vorher anmischen können, dann müssen Sie dazu Leitungswasser verwenden und sollten auch ein Wasseraufbereitungsmittel einsetzen.

Mit einem Riffaquarium umzuziehen, erfordert sorgfältige Planung.

Nachzucht

429 Nachzuchten erfordern viel Hingabe

Die Nachzucht von Korallenfischen erfordert besondere Hingabe. Sie führt zwangsläufig zu schlaflosen Nächten, Kosten und Misserfolgen. Nur wenigen ist es gelungen, damit Geld zu verdienen. Aber die Nachzucht ist auch einer der lohnendsten und faszinierendsten Aspekte dieses Hobbys, und jeder Aquarianer sollte sich daran wenigstens einmal versuchen.

430 Nachzuchten sind schwierig, aber nicht unmöglich

Die meisten Korallenfische legen Eier, aus denen nachts Larven schlüpfen, deren erster Instinkt es ist, zu den Planktonschwärmen an der Wasseroberfläche zu schwimmen. Hier ernähren sie sich von mikroskopischen, planktonischen Tieren, bis sie durch eine Metamorphose zu den Fischen werden, die wir kennen. Viele dieser Fische sind schwer zu züchten und manche nach bisherigem Stand gar nicht. Doch trotzdem sollten wir es stets versuchen.

431 Grundvoraussetzungen für die Nachzucht

Um Tiere zur Fortpflanzung zu bringen, braucht man hervorragende Wasserqualität. Die Partner müssen in einem sicheren und harmonischen Umfeld leben und gut ernährt werden. Manche haben weitere Erfordernisse wie Signale, die einen Fortpflanzungsreiz auslösen, etwa Mondzyklus oder Änderungen in Temperatur, Salzgehalt oder anderem. Die Nachzucht solcher Tiere sollte man besser Experten überlassen.

432 Adulte Fische in Nachzuchtbecken setzen

Korallenfische laichen oft in Riffaquarien ab. Wenn Sie ernsthaft an die Aufzucht der Larven gehen möchten, sollten Sie möglicherweise das Alt-Paar in ein separates Ablaichbecken setzen. Hier kann man die Elterntiere beobachten und wegen der Übersichtlichkeit eines kleinen Beckens auch die Entwicklung des Geleges kontrollieren.

433 Welche Arten laichen im Aquarium?

Die am häufigsten nachgezogenen Korallenfischarten sind *Pterapogon kauderni* und Clownfische – nahezu alle Arten sind recht leicht nachzuziehen. Einige Demoisellen und die beiden Gobys *Gobiodon evelinae* und *G. oceanops* eignen sich zur Nachzucht ebenso wie verschiedene *Pseudochromis*-Arten.

434 Beginnen Sie mit *Pterapogon kauderni*

Der wohl am leichtesten nachzuziehende Korallenfisch ist der „Kauderni" (*Pterapogon kauderni*). Eigentlich muss man nicht mehr tun, als ein Paar zusammenzustellen, es gut zu ernähren und ihm eine Umgebung zu bieten, die frei von Fressfeinden ist. Wie bei den meisten Kardinalfischen werden auch bei dieser Art die Eier vom Männchen als Maulbrüter behütet. Was diese Art von anderen Kardinalfischen unterscheidet, ist der hohe Entwicklungsstand der Jungen, wenn sie das väterliche Maul verlassen. Sie sind dann groß genug, um frisch geschlüpfte *Artemia*-Nauplien zu fressen, bald auch andere Nahrung, so dass ihre Aufzucht recht einfach ist.

Tipp 434 Ein *Pterapogon kauderni* mit Jungfisch (kleines Bild)

Nachzucht

Tipp 433 Der gemeine Clownfisch (*Amphiprion ocellaris*) ist leicht zu züchten.

435 Geschlechtsbestimmung junger Kaudernis

Kaudernis sind keine Geschlechtswechsler, was Schwierigkeiten machen kann, aus Jungtieren ein Paar zusammenzustellen, weil das Geschlecht nicht zu erkennen ist. Sobald das Männchen aber geschlechtsreif wird, zeigt es gegen Artgenossen aggressives Verhalten, was zu heftigen Kämpfen führt und eine Trennung durch den Aquarianer erzwingt. Wenn man Jungfische gemeinsam hält, erkennt man solche Aggressionen und auch Paare, die sich bilden.

436 Geschlechtswechsel bei Korallenfischen

Viele Korallenfische haben die Fähigkeit entwickelt, ihr Geschlecht zu wechseln. Statt mit einem bestimmten Geschlecht auf die Welt zu kommen, sind sie zunächst geschlechtslos und entwickeln ihr Geschlecht dann abhängig von bestimmten Umweltreizen. Manche Fische können dann beispielsweise vom Männchen zum Weibchen werden, andere sogar mehrfach wechseln.

437 Paarbildung

Clownfische sind ein gutes Beispiel dafür, welche Vorteile dieser Geschlechtswechsel für den Aquarianer bringt. Setzen Sie einfach zwei junge Clownfische zusammen, und im Laufe der Zeit wird sich ein Paar bilden. Man kann dies etwas unterstützen, indem man Jungtiere verschiedener Größe wählt, denn der größere Fisch wird meist das dominante, weibliche Tier, während sich der kleinere zum Männchen entwickelt. Durch die Auswahl zweier verschieden großer Fische reduziert man das Risiko, dass zwei gleich starke Tiere um die Dominanz kämpfen und sich gegebenenfalls verletzen.

438 Dynamische Gruppenhierarchie

In einer Gruppe von Clownfischen existiert eine Hierarchie; das dominante Weibchen ist an der Spitze, das Männchen darunter. Alle weiteren Clownfische in der Gruppe sind geschlechtslos. Wenn das dominante Weibchen stirbt, übernimmt das Männchen die dominante Stellung und wird zum Weibchen. Einer der übrigen, geschlechtslosen Clownfische, wahrscheinlich der größte, wird dann zum Männchen.

Nachzucht

439 Herausnehmbares Laichsubstrat

Clownfische sind diejenigen Korallenfische, die am häufigsten im Aquarium ablaichen. Wie alle demersen Laicher setzen sie ihr Eigelege auf einer sauberen, glatten Oberfläche ab. Dadurch ist es leicht, das Gelege herauszunehmen, wenn es auf einem beweglichen Gegenstand platziert ist, z. B. einer Keramikfliese oder einem Blumentopf aus Keramik. Das Material muss aber unbedingt lebensmittelecht sein. Dieser Gegenstand kann dann mitsamt dem Gelege in ein Aufzuchtbecken überführt werden, in dem die Larven ohne Fressfeinde heranwachsen können.

440 Umgestaltung des Laichplatzes

Einige Korallenfische sind sehr eigen in der Wahl ihres Laichplatzes und bauen die Umgebung oft nach ihren Vorstellungen um. Ein Beispiel dafür ist *Premnas biaculeatus*, der in der Nähe seines Geleges oft keine Steine und keinen Bodengrund toleriert und bei den Umbauten auch oft Wirbellose beschädigt. Wenn Sie solche Fische nachziehen möchten, müssen Sie das in Kauf nehmen.

441 Paarbildung bei *Pseudochromis*-Arten

Wenn Sie *Pseudochromis* aus dem Roten Meer verpaaren möchten, müssen Sie bei den meisten Arten nicht mehr tun, als zwei juvenile Exemplare zusammenzusetzen. Aus ihnen wird sich dann ein Paar bilden, das regelmäßig ablaicht, auch in einem kleinen Aquarium. Beispiele dafür sind *Pseudochromis fridmani, P. flavivertex* oder *P. aldabraensis*.

442 Laichpflege im Verborgenen

Wenn ein *Pseudochromis*-Männchen Laichpflege betreibt, ist es einige Tage lang nicht zu sehen, oft zum Entsetzen des Aquarianers. Das Weibchen frisst in dieser Phase viel, um Kraft für das nächste Eigelege zu sammeln. Ein eingespieltes *Pseudochromis*-Paar erzeugt auf diese Weise selbst in einem kleinen Becken alle 9–10 Tage ein Gelege.

Ablaichen von Clownfischen

  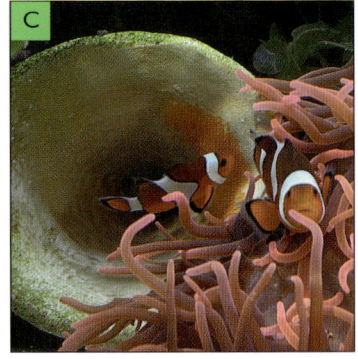

A Nach dem Suchen einer geeigneten Stelle (hier an einem Tontopf) reinigen die Fische erst die Oberfläche, bevor der Laichvorgang beginnt.

B Das Weibchen, der größere der beiden, legt zuerst Eier, die dann anschließend vom Männchen besamt werden.

C Nach dem Befruchten des Geleges pflegt das Männchen die Eier, während das Weibchen das Revier verteidigt.

Nachzucht

443 Fische paarweise halten

Fische, die in der Natur paarweise leben, sollten Sie auch im Aquarium als Paar halten. Nur dadurch können Sie tatsächlich natürliches Verhalten erleben. Ein Paar, das gut ernährt wird und in passender Umgebung lebt, ermöglicht erheblich mehr faszinierende Beobachtungen als jeder Einzelfisch, insbesondere, wenn es zu Paarung und Fortpflanzung kommt.

444 Saisonales Ablaichen

Auch Neongobies (*Gobiodon evelinae, G. oceanops*) gehören zu den emersen Laichern, produzieren allerdings ihre Gelege nicht mit der Regelmäßigkeit von Clownfischen. Sie laichen mehr saisonal ab und haben dazwischen lange laichfreie Phasen. Auch gibt es Hinweise darauf, dass sie saisonal Paare bilden, so dass man nicht immer erwarten kann, dass sie mit demselben Partner ablaichen.

445 Nachzucht von Seepferdchen

Wenn Sie ein oder zwei Paare von Seepferdchen in einem Artenbecken halten, können Sie beinahe sicher sein, dass sie Nachwuchs produzieren. Man mag versucht sein, alle jungen Seepferdchen aufzuziehen, die den Brutbeutel des Männchens verlassen, aber das ist nur mit großem Aufwand möglich. Trotzdem sollten Sie aber einige der Jungen aufziehen, für andere Aquarianer, um auch etwas für Fortschritte im Hobby zu leisten. Alle im Handel angebotenen Seepferdchen sollten Nachzuchten sein, und mit Ihrer Aufzucht tragen Sie etwas dazu bei.

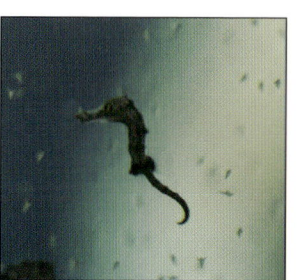

Tipp 445 Ein junges Seepferdchen schwimmt zwischen Artemia-Nauplien.

446 Nachzuchterfolg erfordert Erfahrung

Wenn Fische ihre ersten Laichgelege produzieren, geht es manchmal schief. Das Weibchen muss erst lernen, die Eier in einer bestimmten Weise aneinander zu legen, so dass das Männchen sie tatsächlich befruchten kann. Und das Männchen muss lernen, seine Spermien auch tatsächlich mit den Eiern in Kontakt zu bringen. Beobachten Sie Ihre Fische beim Ablaichen und notieren Sie, wie oft und an welchen Stellen dies geschieht, um herauszufinden, ob es Auslösefaktoren gibt. Dadurch lernen Sie, zu erahnen, wann die Tiere ablaichen werden. Das gibt Ihnen die Möglichkeit, durch hochwertigere Fütterung optimale Voraussetzungen für eine gesunde Fortpflanzung zu schaffen und außerdem Ihre Futterzuchten für die Fischlarven auf Vordermann zu bringen.

Tipp 446 *Centropyge resplendens*, ein Männchen stimuliert das Weibchen

447 Ernährung – der Schlüssel zur Larvenaufzucht

Die Larven zu erhalten ist recht einfach. Die eigentlichen Schwierigkeiten beginnen in dem Moment, ab dem man die Larven ernähren muss. Fast alle Probleme entstehen durch mangelhafte Ernährung, denn die Larven benötigen eine Kombination aus lebendem Phyto- und Zooplankton. Darum sind Planktonzuchten der Schlüssel für die Aufzucht von Korallenfischlarven. Wenn Sie diese Nahrungsgrundlage nicht bieten können, ist es praktisch ausgeschlossen, dass es Ihnen gelingt, Korallenfischlarven aufzuziehen.

Nachzucht

448 Planktonkulturen frühzeitig ansetzen

Ihre Planktonkulturen müssen einwandfrei laufen, bevor die ersten Larven schlüpfen. Andernfalls werden Sie all Ihre Larven verlieren, sofern Sie nicht zufällig einen anderen Züchter kennen, der Sie mit planktonischer Nahrung versorgt. Der Beginn der Nahrungskette ist das Phytoplankton. Danach kommen Rädertierchen, meist gefolgt von frisch geschlüpften *Artemia*-Nauplien.

449 Rädertierchen – Rotiferen

Korallenfischlarven benötigen leicht verdauliche Nahrung in der passenden Größe, erheblich kleiner als frisch geschlüpfte *Artemia*-Nauplien. Auch müssen diese Tiere sich bewegen, damit sie als Beute erkannt werden. Rädertierchen vermehren sich schnell, was sie für diesen Zweck ideal macht. Dadurch, dass Sie die Rädertierchen mit Phytoplankton füttern, ernähren Sie indirekt Ihre Fischlarven mit dem Phytoplankton. Solange das Wasser der Rädertierchenkultur grün ist, haben sie genug Phytoplankton als Nahrung. Sobald die grüne Färbung verschwindet, müssen Sie Phytoplankton nachfüllen. Welches Phytoplankton Sie den Rädertierchen als Nahrung reichen, hängt davon ab, welche Korallenfische Sie züchten möchten.

450 Trockenfutter für Larven

Wenn die Larven heranwachsen, kommt irgendwann der Punkt, an dem Ihr Energieaufwand zum Fangen eines Rädertierchens der Energiemenge gleicht, die sie damit aufnehmen. An diesem Punkt muss man statt der Rädertierchen frisch geschlüpfte *Artemia*-Nauplien reichen, höchstens 12 Stunden alt. Doch die *Artemia*-Fütterung ist nicht ganz unproblematisch (siehe Tipp 464), weshalb man nicht zu viele auf einmal reichen darf und auch seine Larven gut beobachten muss.

A Füllen Sie Leitungswasser in eine Literflasche und geben Sie dann 1,5 Teelöffel Meersalz hinzu sowie einen viertel Teelöffel *Artemia*-Zysten.

Luftschlauch, an Membranpumpe angeschlossen

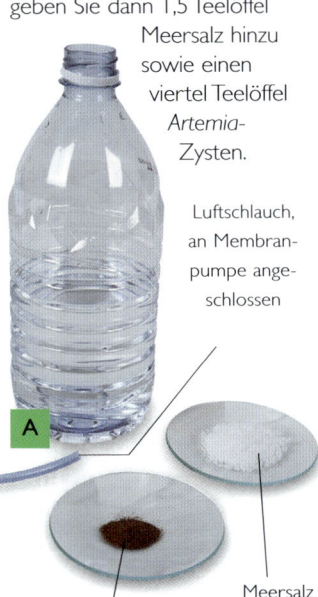

Artemia-Zysten (Dauereier)

Meersalz

B Halten Sie die *Artemia*-Zystem mit Luftblasen in Bewegung. Ein starres Rohr ist am besten, aber ein flexibler Luftschlauch tut es auch. Nach 36 Stunden entfernen Sie den Luftschlauch und lassen das Wasser 30 Minuten ruhig stehen.

C Trennen Sie die Nauplien vom Wasser, indem Sie den Strahl mit einem Luftschlauch über ein *Artemia*-Sieb (oder Küchenkrepp) laufen lassen. Anschließend mit Meerwasser spülen und an die Larven verfüttern.

451 Trockenfutter für Larven

Das Ziel vieler Züchter ist, die Larven so früh wie möglich auf Trockenfutter umzustellen. Das kann die Risiken der *Artemia*-Fütterung vermindern, vereinfacht aber vor allem dem Züchter die Arbeit, denn es erlaubt ihm, seine volle Konzentration auf die Larven und die Wasserqualität zu lenken.

Nachzucht

452 Larven-Aufzuchtbecken und Larvennahrung

Wenn Sie das Gefühl haben, genug über das Ablaichverhalten der Fische zu wissen, die Sie züchten möchten, dann sollten Sie die Futterzuchten aufbauen und ein Larven-Aufzuchtbecken einrichten. Versuchen Sie, dies zeitlich so zu legen, dass es mit dem Produzieren eines Geleges zusammentrifft. Das Larven-Aufzuchtbecken sollte nicht zu lange leer stehen, bevor die Larven kommen, aber die Futterkulturen müssen bereit sein, wenn der Nachwuchs schlüpft.

453 Ein Larven-Aufzuchtbecken ist unverzichtbar

Um Larven aufzuziehen, benötigen Sie ein entsprechendes Spezialbecken. Mit Ausnahme von *Pterapogon kauderni* (und einigen anderen Arten, die aber nur für Spezialisten interessant sind) machen alle nachgezogenen Arten zunächst ein pelagisches Stadium durch, brauchen also Freiwasser. Darum ist die Aufzucht im normalen Aquarium unmöglich; die Larven leben im Feiwasser und benötigen schwebende Nahrung, müssen vor Fressfeinden geschützt sein und auch vor Filter, Pumpen und Abschäumer.

454 Ein Larven-Aufzuchtbecken einrichten

Zwar unterscheiden sich die Anforderungen der einzelnen Arten etwas, aber ein Standardbecken, das sich für Clownfischlarven ebenso wie für Garnelenlarven eignet, würde folgendermaßen aussehen: Beckengröße 60 × 30 × 30 cm, passender Regelheizer, Membranpumpe, Luftschlauch und Ausströmrohr, Thermometer, Ammonium-Anzeiger und Material zum Verdunkeln des Beckens. Stellen Sie das Becken auf eine weiße Fläche, damit Sie Sedimente auf der Bodenscheiben leichter erkennen und besser absaugen können. Verdunkeln Sie hintere und seitliche Scheiben und bereiten Sie auch Abdeckungen für die Frontscheibe vor. Diese Verdunklung macht es den Larven leichter, die Beutetiere zu erkennen, und außerdem blockiert sie Lichteinflüsse von außen, die die Larven massenhaft zu einer der Seitenscheiben locken würden, statt eine gleichmäßige Larvenverteilung im Becken zu ermöglichen. Sobald Sie die Augen der Larven erkennen können, was je nach Art um den 5.–7. Tag der Fall sein sollte, können Sie die Verdunklung von der Frontscheibe entfernen.

Larven-Aufzuchtbecken

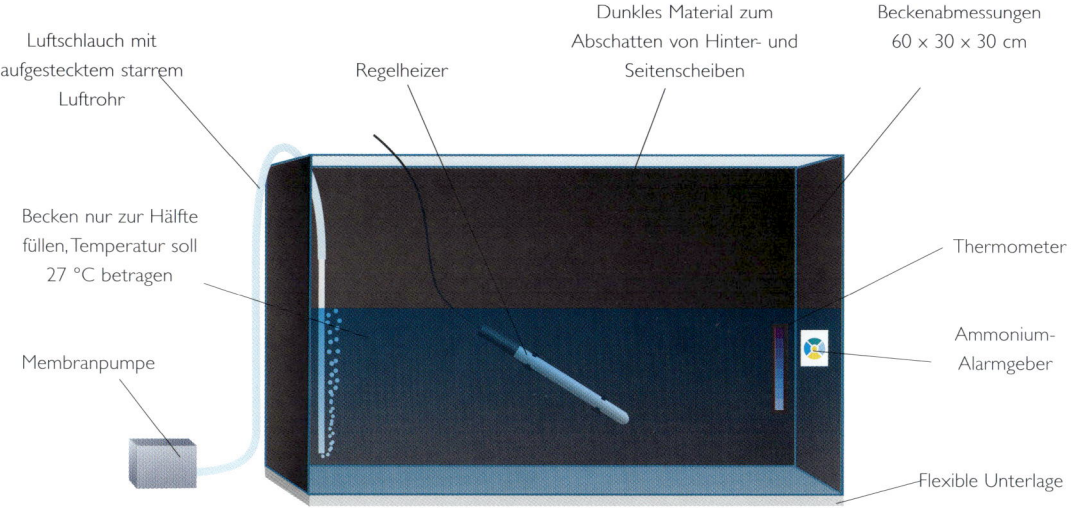

- Luftschlauch mit aufgestecktem starrem Luftrohr
- Becken nur zur Hälfte füllen, Temperatur soll 27 °C betragen
- Membranpumpe
- Regelheizer
- Dunkles Material zum Abschatten von Hinter- und Seitenscheiben
- Beckenabmessungen 60 × 30 × 30 cm
- Thermometer
- Ammonium-Alarmgeber
- Flexible Unterlage

Nachzucht

455 Aufzuchtbecken in Betrieb nehmen

Füllen Sie das Aufzuchtbecken zur Hälfte mit Wasser aus dem Elterntier-Aquarium, bringen Sie das Durchlüftungsrohr in Position und schalten Sie die Membranpumpe ein. Stellen Sie die Durchlüftung so ein, dass das Wasser im gesamten Becken gut bewegt wird, aber an keiner Stelle so heftig, dass die Larven darunter leiden würden. Wenn Sie einen Regelheizer verwenden, schalten Sie ihn ein und justieren Sie den Temperaturregler so, dass das Wasser zuverlässig 27 °C hat.

456 Warum nur zur Hälfte füllen?

Das Füllen bis zur Hälfte hat zwei Vorteile. Erstens ist es in dem kleineren Wasservolumen leichter, eine hohe Futterdichte herzustellen. Zweitens ist es möglich, in der ersten Zeit Wasserwechsel zu vermeiden, bei denen man möglicherweise Larven absaugen würde. Stattdessen füllen Sie immer wieder weiteres Wasser aus dem Elterntier-Aquarium nach, um die zunehmende organische Belastung im Aufzuchtbecken zu verdünnen. Im Elterntier-Aquarium wird das entnommene Wasser durch neu angemischtes Meerwasser ersetzt.

457 Weniger ist mehr

Weniger ist mehr; beschränken Sie sich im Aufzuchtbecken auf das Notwendigste. Jeder Spalt, etwa von einem Saugnapf, kann für Larven eine tödliche Falle darstellen. Manche Larven sind nicht dazu in der Lage, sich aus einem solchen Spalt wieder hinauszumanövrieren, und sterben. Gemessen an der Zahl von Larven, die vorhanden sind, mag das unbedeutend erscheinen, aber es stellt in dem filterlosen System eine Quelle für zusätzliche Wasserbelastung dar, die man vermeiden sollte. Abgestorbene Larven sollten abgesaugt werden. Wenn Sie das Becken in einem Raum aufstellen, in dem eine Aquarienheizung entbehrlich ist, sollten Sie auch darauf verzichten.

458 Wie lange beleuchten?

Ein Larven-Aufzuchtbecken sollte täglich rund 12–16 Stunden lang beleuchtet werden, am besten mit T8-Leuchtstofflampen. Wenn die Rädertierchen knapp werden, können Sie die Nachtphase verlängern, um die Vermehrung der Rädertierchen zu fördern, denn je länger die Lichtphase, umso länger werden die Larven fressen. Bei einer verlängerten Dunkelphase werden also mehr Rädertierchen übrig bleiben, um sich zu vermehren.

Ein geschlechtsreifes Paar Zwerggriffbarsche

Nachzucht

459 Welche Salzdichte im Nachzuchtbecken??

Eine wesentliche Frage ist die nach der Salzdichte im Nachzuchtbecken. Es ist im Aquarium üblich, die natürliche Salzdichte von 35 ppt herzustellen, was bei einer Temperatur von 26 °C einem spezifischen Gewicht von 1.026 entspricht. Bei der Aufzucht von Larven und der Produktion von Plankton ist es aber vorteilhaft, mit niedrigerem Salzgehalt zu arbeiten. Der Grund dafür ist, dass sich die Rädertierchen bei geringerem Salzgehalt schneller vermehren als bei dem Salzgehalt, in dem wir normalerweise die Tiere halten. Allerdings vertragen die Rädertierchen eine Veränderung des spezifischen Gewichts ihres Wassers von mehr als 0,007 nicht. Da sie sich am besten bei einem spezifischen Gewicht von 1,007–1,014 entwickeln, sollten wir die Rädertierchen-Kultur bei 1,014 fahren und das Wasser im Larvenbecken bei 1,021. Konsequenterweise halten manche Züchter auch ihre Brutstocktiere bei einer entsprechend geringen Salinität.

460 Abgestorbene Larven mit Luftschlauch absaugen

Das Absaugen abgestorbener Larven wird erleichtert, wenn man nicht nur einen Luftschlauch verwendet, sondern am vorderen Ende ein starres Rohr hat. Auf diese Weise gelingt es am besten, das versehentliche Absaugen vitaler Larven zu verhindern.

461 Vorbereitungen für den Larvenschlupf

Am Abend vor dem Schlupf der Larven – die Augen der Larven sind nun bereits deutlich zu erkennen – sollten Sie das Gelege ins Aufzuchtbecken bringen. Platzieren Sie es so, dass die Eier gegenüber dem Luftschlauch mit der Umwälzung liegen, so dass die Luftblasen die Eier leicht in Bewegung bringen. Das ersetzt die Pflege der Eltern. Jetzt sollten Sie schon Phytoplankton hinzufügen und auch eine kleine Startkultur Rädertierchen.

462 Der Schlupf der Larven

Am nächsten Morgen sollten Sie ein Becken voller Larven haben. Jetzt beginnt die Arbeit, denn Sie müssen sicherstellen, dass die Larven nicht mehr als ihre eigene Körperlänge an Schwimmstrecke zurücklegen müssen, bevor sie ein Rädertierchen fressen können. Auch müssen Sie dafür sorgen, dass die Phytoplankton-Dichte gleich bleibt, denn die pflanzlichen Einzeller haben eine Doppelrolle; sie ernähren die Rädertierchen und nehmen organische Abfallstoffe auf und helfen so, die Wasserqualität zu verbessern.

463 Die ersten Tage sind kritisch

Über die nächsten Tage müssen Sie die grüne Färbung aufrechterhalten und auch für die nötige Rädertierchen-Dichte sorgen. In diesen ersten Tagen ergeben sich die meisten Schwierigkeiten. Verluste kommen in dieser Zeit meist durch Nahrungsmangel zustande. Sobald die Nahrungsdichte nachlässt, beginnen die Larven zu hungern.

Zwei Tage alte Larven von Zwerggriffbarschen an einem Plastikrohr

Zehn Wochen alter Jungfisch

Nachzucht

464 Wie lange Rädertierchen füttern?

Irgendwann zwischen dem fünften und zehnten Tag kann man zu frisch geschlüpften Artemia-Nauplien übergehen. Da aber nicht alle Larven gleich schnell wachsen, sollte man die Rädertierchenfütterung fortsetzen. Allerdings kann es beim Übergang zu Artemien Verluste geben, weil die Larven die Artemien auf die gleiche Weise fressen wollen wie die Rädertierchen und sich überfressen oder daran ersticken können. Reichen Sie nicht mehr als 25 Artemien pro Larve, verteilt über den ganzen Tag.

465 Wann Trockenfutter reichen?

Viele Züchter versuchen, die Artemia-Fütterung möglichst kurz zu halten, um dadurch bedingte Verluste zu vermeiden. Dazu muss man frühzeitig Trockenfutter anbieten. Beginnen Sie mit zerriebenem Flockenfutter und vergrößern Sie die Partikelgröße langsam. Man sollte ein hochwertiges Futter wählen und kann die Flocken einfach zwischen den Fingern zerreiben.

466 Gewöhnung an Trockenfutter

Die Jungfische müssen erst lernen, dass die an der Oberfläche schwimmenden Brocken fressbar sind. Reichen Sie darum ungewohntes Futter stets am Morgen, wenn die Larven besonders hungrig sind. Besonders experimentierfreudige Fische fressen es als Erste, und andere machen es ihnen nach. Nachteilig am Trockenfutter ist die Wasserbelastung. Darum sollte man nur so viel reichen, wie auch gefressen wird, und Reste entfernen.

467 Ammonium- und pH-Wert kontrollieren

Verwenden Sie einen Ammonium-Alarmgeber, um die Wasserqualität zu überwachen. Seien Sie in Bezug auf niedrige pH-Werte im Larven-Aufzuchtbecken nicht zu besorgt. Man kann durchaus pH 7,5 erreichen und hat dabei den Vorteil, dass das Ammonium nicht toxisch ist. In einem filterlosen Becken ist Ammonium nicht vermeidbar, aber mit steigendem pH-Wert erhöht sich seine Toxizität. Dies ist einer der wenigen Momente, in denen ein niedriger pH-Wert im Meeresaquarium vorteilhaft ist.

468 Wann soll gefiltert werden?

Jetzt können Sie das Becken vollständig füllen und sollten auch täglich kleinere Teilwasserwechsel ausführen, wieder mit Wasser aus dem Elterntier-Aquarium. Sobald Sie die Jungfische auf Trockenfutter umgestellt haben, sollten Sie einen kleinen, luftheberbetriebenen Schaumstoff-Filter installieren. Diesen Filter sollten Sie möglichst zuerst einige Zeit im Elterntier-Aquarium laufen lassen, um hilfreiche Nitrifikationsbakterien ansiedeln zu lassen.

469 Aggressionsverhalten beobachten

Ab jetzt geht es hauptsächlich darum, die Jungfische satt zu bekommen und eine ausreichend gute Wasserqualität aufrechtzuerhalten. Abhängig von der Art der Fische kann es aber sein, dass sich Aggressionen entwickeln. Manche Arten muss man in größerer Populationsdichte halten, damit sich die Aggressionen gleichmäßig verteilen, während andere separiert werden müssen.

Tipp 469 Ein Aquarium voller Nachzuchtfische entschädigt für alle Mühen.

Nachzucht

470 Vegetative Vermehrung

Viele Wirbellose vermehren sich im Riffaquarium asexuell, und die verbreiteteste Art der sexuellen Vermehrung ist die Longitudinalfission, bei der ein Polyp den Außenrand seiner Mundscheibe an zwei Stellen nach innen zieht und von dieser Stelle an nach unten seine gesamte Körpersäule teilt, so dass zwei Tochterpolypen entstehen. Doch es gibt zahlreiche weitere Vermehrungsarten, beispielsweise das Herauswachsen einer Tochterkolonie aus dem Stamm.

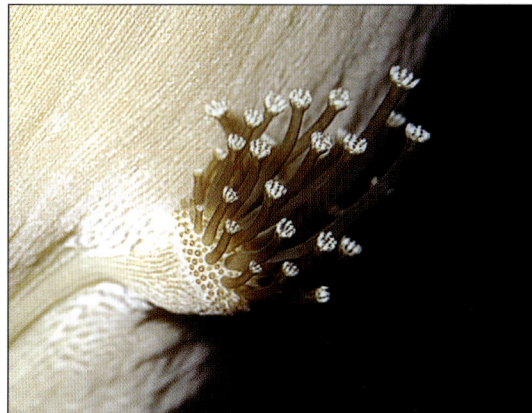

Tipp 470 Eine Jungkolonie einer *Sarcophyton*-Koralle wächst aus dem Stamm heraus.

471 Nachzucht von *Lysmata*-Garnelen

Garnelen der Gattung *Lysmata*, meist als Putzergarnelen bezeichnet, gehören wohl zu den am leichtesten nachzuziehenden Wirbellosen. Sie brauchen nur zwei Exemplare derselben Art und haben damit automatisch ein Paar. Beide entwickeln regelmäßig Eier und setzen dann später nachts Larven frei. Die Pfefferminzgarnele (*Lysmata wurdemanni*) ist besonders leicht nachzuziehen und zu ernähren. Das zuvor beschriebene Nachzuchtbecken eignet sich für ihre Zucht, doch man sollte ganz besonders auf Sauberkeit im Becken achten und die Ansiedlung von Fadenalgen verhindern. Die winzigen Garnelen können sich darin verheddern und umkommen.

472 Nachzucht von Pfefferminzgarnelen

Pfefferminzgarnelen sind sehr gierige Fresser und lassen sich vom ersten Tag an mit Trockenfutter ernähren. Wenn sie zu wenig Nahrung finden, werden die Larven kannibalisch und fressen ihre Artgenossen. Das Problem der Trockenfutter-Ernährung ist die Entstehung von Fadenalgen. Sobald die Larven Artemien bewältigen können, sollten Sie diese verfüttern und vermehrt Phytoplankton einsetzen. Eine Artemia-Nauplie kann eine 2–3 Wochen alte Garnelenlarve für mehrere Stunden beschäftigen.

473 Wachsende Garnelen häuten sich

Garnelen und andere Crustaceen machen während ihrer Entwicklungen eine Reihe von Häutungen durch. Dabei können sie Körperanhängsel bekommen oder verlieren, was sie alle paar Tage anders aussehen lässt. Jede Häutung stellt ein Verlustrisiko dar, das umso geringer ist, je besser die Tiere ernährt sind.

474 Letzte Larvenhäutung

Nach jeder der Häutungen bleiben die Garnelen frei schwimmend, doch nach der letzten Larvenhäutung verschwinden sie aus dem Freiwasser. Befürchten Sie dann nicht, Sie hätten die Tiere verloren. Sie sind zu „richtigen" Garnelen geworden und zu einer bodenorientierten Lebensweise übergegangen. Künftig werden sie sich nur noch zur Nahrungsaufnahme in das Freiwasser begeben.

Tipp 474 Juvenile und adulte *Lysmata seticauda*

Gesundheitspflege

475 Stabile, stressfreie Lebensbedingungen

Eine der wichtigsten Voraussetzungen für die Gesundheit Ihrer Pfleglinge, sowohl Fische als auch Wirbellose, ist es, ihnen gute Wasserbedingungen und eine stressfreie Umgebung zu bieten. Die meisten Gesundheitsprobleme lassen sich auf mangelhafte Haltungsbedingungen, schlechte Artzusammenstellung, defekte technische Geräte oder Fehler des Aquarianers zurückführen, z. B. mangelnde Aufmerksamkeit oder Erfahrung.

476 Vorbeugen ist besser als Heilen

Ein wichtiger Schritt bei der Krankheitsvermeidung ist, dass man die Erreger nicht ins Aquarium einschleppt. Um dies zu erreichen, sollten neue Fische für 14–21 Tage in Quarantäne gehalten und erst in das Hauptaquarium gesetzt werden, wenn man völlig sicher ist, dass sie auch gesund sind. Bedenken Sie zudem, dass sowohl Wirbellose als auch Transportwasser von Händlern und selbst scheinbar gesunde Fische Krankheitserreger in das Aquarium bringen können.

477 Verhalten der Fische beobachten

Beobachten Sie regelmäßig das Verhalten Ihrer Fische, denn viele Krankheiten führen schon früh zu Verhaltensveränderungen. Die Fische ziehen sich in eine Aquarienecke zurück, verlieren an Farbkraft oder verweigern die Nahrung. Lassen Sie sich aber auch nicht durch Kleinigkeiten verunsichern. Im Krankheitsfall sollten Sie erfahrenen Rat einholen und besonnen handeln, nicht hastig eine überflüssige Behandlungsmaßnahme durchführen.

478 Quarantänehaltung ist wichtig

Durch das Dekorationsgestein im Aquarium ist es nahezu unmöglich, einen eingewöhnten Fisch mit dem Netz herauszufangen. Ein erkrankter Fisch kann sehr leicht die anderen anstecken, und wenn man bedenkt, dass es kaum möglich ist, Fischkrankheiten im Riffaquarium zu behandeln, wird klar, dass durch eine solche Infektion ein ganzer Fischbesatz ausgelöscht werden kann. Darum ist die Quarantänehaltung so wichtig.

Tipp 477 Beobachten Sie Ihre Fische gut, so dass Sie Verhaltensänderungen schnell erkennen.

Gesundheitspflege

Quarantänebecken

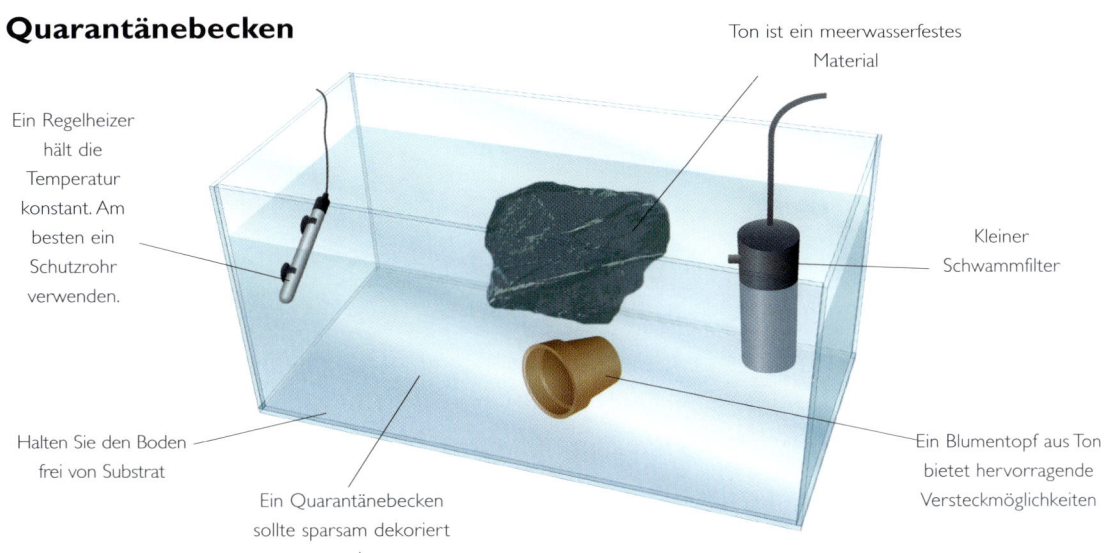

Ton ist ein meerwasserfestes Material

Ein Regelheizer hält die Temperatur konstant. Am besten ein Schutzrohr verwenden.

Kleiner Schwammfilter

Halten Sie den Boden frei von Substrat

Ein Quarantänebecken sollte sparsam dekoriert werden

Ein Blumentopf aus Ton bietet hervorragende Versteckmöglichkeiten

479 Quarantänebecken einrichten

Ein passendes Aquarium kann als Quarantäne- und Behandlungsbecken verwendet werden. Es muss nicht groß sein; 50–80 l reichen durchaus. Für eine Behandlung ist ein voll eingerichtetes Aquarium mit Bodengrund und Gesteinsdekoration unbrauchbar, doch ein völlig leeres Becken ist auch nicht ideal. Sie brauchen eine sparsame Einrichtung, die Versteckmöglichkeiten bietet, und eine Filterung, die mit eine medikamentöse Behandlung zulässt.

480 Kalkhaltige Dekorationsmaterialien können Behandlung beeinflussen

Kalkhaltige Dekorationsmaterialien wie Korallensand oder Gestein sind dazu in der Lage, chemische Substanzen aus dem Wasser aufzunehmen und können dadurch die Behandlung beeinflussen. Verwenden Sie lieber keramisches Material. Zur mechanischen und biologischen Filterung sollten Sie auch nur kalkfreies Material einsetzen.

481 Süßwasserbad für Neuankömmlinge

Das Süßwasserbad eignet sich als Prophylaxe für neue Fische. Alle Parasiten platzen unter dem Druck des osmotischen Schocks im Süßwasser, lange bevor der Fisch irgendwelchen Schaden nimmt. Lassen Sie die Fische zwei oder drei Minuten lang im Süßwasser, bevor sie in das Aquarium gesetzt werden. Um die Schockwirkung für den Fisch möglichst gering zu halten, müssen Temperatur und pH-Wert des Süßwassers mit den Werten des Meerwassers übereinstimmen. Mit Methylenblau-Zusatz lässt sich das Ergebnis noch verbessern. Formalinbäder werden heute allgemein als zu toxisch angesehen.

482 Knoblauch kann Protozoeninfektionen verhindern

Das Futter der Fische in einer kommerziell erhältlichen Knoblauchlösung aufzuschwemmen kann helfen, die Ausbreitung parasitärer Protozoen zu verhindern. Solche Krankheiten entwickeln sich im Aquarium meist durch den Stress der Fische während der Fang-, Hälterungs- und Transportphase.

Gesundheitspflege

483 Süßwasserbad für Korallen

Süßwasserbäder mit gleichen Temperatur- und pH-Werten wie das Aquarienwasser können helfen, Korallen von parasitären Nacktschnecken und von Plattwürmern zu befreien. Tauchen Sie die Koralle in das Wasser ein und bewegen Sie diese leicht, um Parasiten abzuschwemmen. Zwei bis drei Minuten Eintauchdauer sollten ausreichen. Um Parasiten zu entfernen, die sich bereits mit Eigelegen fortpflanzen, muss diese Prozedur mit einigem Zeitabstand wiederholt werden, weil sich das Bad nicht auf die Eier auswirkt. Jungtiere, die aus diesen Eiern geschlüpft sind, müssen mit dem Wiederholungsbad getötet werden.

484 Wirbellose in Quarantäne halten

Quarantänehaltung ist nicht nur etwas für Fische. Wenn Sie neue Korallen 7–14 Tage in Quarantäne halten, können Sie das Einschleppen von Glasrosen, Fangschreckenkrebsen, Plattwürmern, Raubschnecken und anderen unerwünschten Tieren in Ihr Aquarium verhindern.

485 Parasitenbehandlung im separaten Quarantänebecken

Wenn Sie eine Parasitenbehandlung in einem separaten Quarantänebecken durchführen, heben Sie die Wassertemperatur auf 27–30 °C, weil dies die Entwicklung des Parasiten beschleunigt und damit den Lebenszyklus verkürzt. Auch das Absenken der Salzdichte kann die Behandlung unterstützen. Behandeln Sie bei einem spezifischen Gewicht von 1.016–1,018, während Sie in einem Fischbecken ein spezifisches Gewicht von 1.022–1,024 einstellen. Allerdings müssen Sie Fische schonend umgewöhnen, wenn diese zwischen den Aquarien wechseln.

486 Fischbehandlung mit Kupfer

Die Kupferbehandlung eines Fisches im Quarantänebecken dauert normalerweise 14 Tage. Wenn Sie während der Behandlung einen weiteren Fisch in das Becken setzen, muss die Behandlung von vorn beginnen.

Tipp 484 Quarantänehaltung reduziert die Gefahr, Plattwürmer in das Aquarium einzuschleppen.

Gesundheitspflege

Tipp 487 *Cryptocaryon irritans* ist ein sehr häufiger Ektoparasit.

487 Krankheitszeichen bei Meeresfischen

Scheuern sich Fische wiederholt am Gestein, dann weist das auf Hautirritationen hin, die sehr wahrscheinlich auf Parasiten zurückzuführen sind. Beschädigte Flossenhäute, entzündete Kiemen oder Geschwüre an Flossen, Haut oder Kiemen sind noch deutlichere Krankheitszeichen. Wird der Fisch nicht von selbst gesund, muss die Ursache herausgefunden und behandelt werden. Gehen Sie methodisch vor und stellen Sie sicher, dass die Diagnose zutreffend ist, bevor Sie irgendeine Behandlung beginnen. Beispiel: Ein Fisch, der an der Oberfläche nach Luft schnappt, muss nicht unbedingt Kiemenwürmer haben. Möglicherweise leidet er nur unter einem Sauerstoffmangel im Wasser.

488 Parasiten verbreiten sich schnell

Bedenken Sie immer, dass Parasiten sich im Aquarium im Handumdrehen ausbreiten können. In der Natur ist die Parasitendichte durch die gewaltige Wassermasse und die Putzaktivitäten unterschiedlichster Tiere sehr viel geringer. Im geschlossenen Aquariensystem jedoch kann sich der Parasit ungestört vermehren und schnell gewaltige Populationen erzeugen. Dadurch erkranken Parasitenträger und auch gesunde Fische erheblich schneller als in der Natur.

489 Wasservolumen realistisch einschätzen

Wenn Sie das Aquarium erstmalig befüllen, notieren Sie die tatsächlich eingebrachte Wassermenge. Durch die Wasserverdrängung der Dekoration und das Wasservolumen externer Filteranlagen lässt sich die tatsächlich im Aquariensystem vorhandene Wassermenge schwer errechnen. Diese Volumenangabe brauchen Sie, wenn später Behandlungsmittel dosiert werden sollen. Und wenn Sie Gestein dauerhaft hinzufügen oder aus dem Aquarium entfernen, sollten Sie die Veränderung des Wasservolumens berücksichtigen.

490 Süßwasserbad als Behandlungsmaßnahme

Das Süßwasserbad ist eine gute Basisbehandlung für Korallenfische mit Ektoparasiten. Die Badedauer unterscheidet sich je nach Art (manche Arten reagieren empfindlicher als andere) und zu behandelnder Infektion. Ein Brooklynella-Befall beispielsweise erfordert ein 15-minütiges Bad. Beobachten Sie den Fisch während der Behandlung und setzen Sie ihn bei erkennbaren Stresszeichen wieder in Salzwasser, etwa, wenn er mit dem Schwanz um sich schlägt oder sich auf die Seite legt.

491 Behandlung im Gesellschaftsbecken ist schwierig

Viele Aquarianer möchten Korallen und andere Wirbellose mit Fischen gemeinsam im Aquarium halten. Das kann allerdings beim Behandeln von Fischkrankheiten Probleme mit sich bringen. Die effektivste Behandlungsmethode setzt kupferhaltige Medikamente ein, die für die meisten Wirbellosen tödlich sind. Bricht eine Krankheit im Gesellschaftsbecken aus, dann müssen alle Fische in einem separaten Becken behandelt werden. Eine Alternative wäre, die Wirbellosen zu entfernen und direkt im Gesellschaftsbecken zu behandeln.

Gesundheitspflege

492 Wirbellosensichere Behandlungsmittel

Einige kommerziell angebotene Behandlungsmittel für Korallenfische sind nach Herstellerangaben unschädlich für Wirbellose. Einige davon sind tatsächlich harmlos für Korallen und scheinen eine gewisse Wirksamkeit gegen Parasiten zu entwickeln, bleiben in der Effektivität jedoch weit hinter den etablierten Fischmedikamenten zurück. Andere haben möglicherweise auf bestimmte Wirbellosengruppen eine schädigende Wirkung. Lesen Sie die Herstellerinformationen gründlich durch, um die Wirbellosenverträglichkeit einschätzen zu können.

493 Herstellerangaben beachten

Befolgen Sie die Herstellerangaben bei Medikamenten sorgfältig. Bestimmte Präparate mögen für einige Fischarten ungeeignet sein. Entfernen Sie für die Dauer der Behandlung Aktivkohle aus dem System, weil sie sonst das Medikament wirkungslos macht. Viele Medikamente erfordern auch die Verringerung der Abschäumerleistung.

494 Medikamente nicht kombinieren

Wenn eine medikamentöse Behandlung fehlschlägt, setzen Sie nicht sofort danach ein anderes Medikament ein. Reste des ersten Medikamentes könnten mit Inhaltsstoffen aus dem zweiten toxisch reagieren. Außerdem wüssten Sie dann nicht, ob ein etwaiger Behandlungserfolg auf das erste oder das zweite Präparat zurückgeht. Wenn die erste Behandlung fehlgeschlagen ist, sollten Sie zunächst die Wasserbedingungen im Becken wieder vollständig normalisieren. Auch vor dem Zurücksetzen eines Fisches vom Behandlungsbecken in das Hauptaquarium müssen die Wasserbedingungen wieder normalisiert werden.

495 Behandlungsbecken entkeimen

Reinigen und entkeimen Sie das Behandlungsbecken und Zubehör nach jeder Behandlung. Zum Entkeimen können Sie entweder Produkte aus dem Aquaristik-Fachhandel verwenden oder solche, die zum Entkeimen von Baby-Trinkflaschen angeboten werden. Danach gründlich mit Süßwasser spülen und bis zum nächsten Gebrauch trocken aufbewahren.

Tipp 492 Manche Fischmedikamente können auch im Korallenriffaquarium angewendet werden. Lesen Sie aufmerksam die Beipackzettel.

Gesundheitspflege

496 Unbekannte Krankheitserreger vermeiden

Wenn Sie Fische unterschiedlicher geografischer Herkunft (z. B. Atlantik und Pazifik) vergesellschaften, kann das zu Problemen führen, weil die Tiere mit ihnen nicht „bekannten" Krankheitserregern konfrontiert werden, die ihr Immunsystem überfordern können.

Tipp 496 Falterfische aus dem Indischen Ozean

497 UV-Entkeimung

Die UV-Entkeimung ist ein sehr effektives Mittel, zahlreiche Krankheitserreger im Fischbecken und einem Riffaquarium abzutöten. Auch durch eine Quarantänehaltung von Fischen und Korallen lässt sich das Einschleppen von Erregern nicht vollständig ausschließen.

498 Kontinuierliche UV-Entkeimung im Fischbecken

Manche Fischbecken entwickeln sich besser mit einer kontinuierlichen UV-Entkeimung, besonders bei höherer Besatzdichte und daraus resultierendem, gesteigertem Aggressionsstress. Stress ist wahrscheinlich die Hauptursache für ein geschwächtes Immunsystem.

499 UV-Entkeimung im Riffaquarium

Ein Riffaquarium sollte eigentlich durch geringere Besatzdichte weniger dazu neigen, stressinduzierte Krankheitsausbrüche zu entwickeln. Bedenkt man aber die Schwierigkeiten der Fischbehandlung im Riffbecken, dann macht das Installieren einer UV-Entkeimung durchaus Sinn. Man muss diese allerdings nicht kontinuierlich betreiben. Es reicht durchaus, sie 2–3 Wochen lang einzuschalten, wenn neue Fische eingesetzt wurden. Sobald Krankheitszeichen auftreten, kann die UV-Entkeimung eingeschaltet werden, und sie sollte nach dem Verschwinden der letzten Symptome noch 2–3 Wochen weiter arbeiten.

500 Fischanästhetikum

Wenn gar nichts anderes hilft, ist es manchmal nötig, in Absprache mit einem Tierarzt einen kranken und leidenden Fisch zu töten. Am besten geht das mit dem Fischanästhetikum MS222, das über einen Tierarzt erhältlich ist. Befolgen Sie die Gebrauchsanweisung und lassen Sie den Fisch mehrere Stunden in der Lösung.

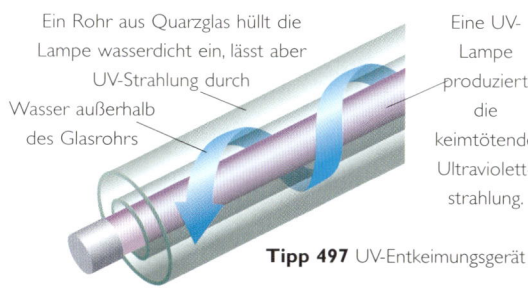

Ein Rohr aus Quarzglas hüllt die Lampe wasserdicht ein, lässt aber UV-Strahlung durch Wasser außerhalb des Glasrohrs

Eine UV-Lampe produziert die keimtötende Ultraviolettstrahlung.

Tipp 497 UV-Entkeimungsgerät

127

Quellenhinweise

Wenn nicht anders vermerkt, stammen die Fotos von Geoff Rogers, © Interpet Publishing

Der Herausgeber dankt folgenden Fotografen für zur Verfügung gestellte Bilder; die hier mit Seitenzahl und Position angegeben werden (U unten, O Oben, M Mitte, OL oben links, usw.:

Aqua Medic: 20(O)

Aqua Press (M-P. & C. Piednoir): 17(B)

Bioquatic Photo - A. J. Nilsen (NO-4432 Hidrasund, Norway, Email bioquatic@biophoto.net, Webseite www.biophoto.net): 5, 6, 7 (UL), 15 (OR), 16 (R), 21, 26, 27, 33, 35 (OR), 39, 44 (R), 46 (UL), 49, 51 (OR), 52, 53 (OR, ML, UR), 54 (OR), 55 (OL), 57, 59 (OR), 60 (OR, CL), 61, 64(OR, UL), 65, 66 (UR), 72m 74 (ML, UR), 78 (UL, CR), 79 (OL, UR), 80 (ML, MR), 81 (OL, UR), 82 (OL, UR), 83, 84 (OR), 85, 86 (ML, UR), 87, 91 (OR), 92 (UL, MR), 94 (OR), 96, 104, 105 (ML, OR), 106 (ML), 108, 115 (MR), 120, 121 (ML, UL, UR), 124

D-D Aquarium Solutions: 20 (UL), 32 (L), 103 (OR)

GHL Products: 16 (CL), 50 (ML)

Tim Hayes: 35 (ML), 112 (Einklinker), 114 (UL, UM, UR), 115 (UL), 118, 119 (ML, MR)

Tristan Lougher: 63 (UR)

Photomax (Max Gibbs): 125

David Stephens: Copyright page, 38, 75, 110 (O), 113, 127 (ML)

Computergrafiken: Phil Holmes und Stuart Watkinson, © Interpet Publishing

Die Autoren:

Dave Garratt hält seit mehr als 25 Jahren Meeresfische. Er schreibt regelmäßig Beiträge für Zeitschriften wie „Tropical World" oder „Tropical Fish" und hat sich auf Artikel für Einsteiger spezialisiert.

Tim Hayes schreibt für zahlreiche aquaristische Fachzeitschriften, z. B. „Practical Fishkeeping", wo er eine Monatskolumne betreut und Mitglied eines Beratungsteams ist.

Tristan Laugher ist Zoologe mit einer Leidenschaft für Meeresaquarien. Seine Beziehungen zum Fachhandel ermöglichen ihm, viele Erfahrungen zu sammeln und weiterzugeben. Er schreibt regelmäßig für die Zeitschrift „Marine World".

Dick Mills interessiert sich seit 40 Jahren für die Aquarienhaltung von Fischen. Er schreibt für Aquaristik-Fachzeitschriften, hält oft Vorträge und hat zahlreiche Aquaristikbücher verfasst. Zur Aquarama 2005 in Singapur wurde er als Jurymitglied eingeladen.

Danksagung
Der Herausgeber möchte den folgenden Personen und Firmen danken: Arcadia, Croydon, Surrey; Nick Crabtree, Coral Culture; Liz Donlan, Marine World magazine; Tuan Pham; Seapet Centre, Martlesham Heath, Suffolk; Sevenoaks Tropical Marine, Sevenoaks, Kent; Swallow Aquatics, Colchester, Essex; Swallow Aquatics, Rayleigh, Essex; Swallow Aquatics, East Harling, Norfolk.

Hinweis des Herausgebers:
Die Informationen und Empfehlungen dieses Buches werden nach bestem Wissen, aber ohne Garantien von Seiten der Autoren oder des Herausgebers/Verlages gegeben. Jegliche Haftung für etwaige Folgen wird abgelehnt.